맥주와 함께하는
미식인문학 강의

발 행 일	2025. 3. 15
지 은 이	권경민
편　　집	권 율
디 자 인	김현순
발 행 인	권경민
발 행 처	한국지식문화원
출판등록	제 2021-000105호 (2021년 05월 25일)
주　　소	서울시 서초구 서운로13 중앙로얄빌딩
대표전화	0507-1467-7884
홈페이지	http://www.kcbooks.org
이 메 일	admin@kcbooks.org
ISBN	97911-7190-115-9

ⓒ 한국지식문화원 2025
본 책 내용의 전부 또는 일부를 재사용하려면
반드시 저작권자의 동의를 받으셔야 합니다.

미식인문학

맥주와 함께하는 미식인문학 강의

권경민 지음

한국지식문화원

| 프롤로그 |

저자는 어렸을 때부터 요리에 대한 관심이 매우 많았습니다. 스위스에서 호텔경영학을 전공하고 스위스와 미국 호텔에서 근무한 경력이 있습니다. 세계 60여 개국을 여행하며 각 나라의 미식 문화의 매력에 푹 빠지게 되었습니다. 실제로 양식, 한식, 일식, 중식 모두 프로급으로 요리할 수 있으며, 미국과 한국에서 9개의 레스토랑을 운영했던 경험이 있습니다. 박나래, 양세형, 붐(이민호), 샘 오취리와 함께 올리브 tv '오늘 뭐 먹지?'라는 요리 프로그램에 메인 쉐프로 출연하기도 했습니다.

또한 맥주의 매력에 사로잡혀 맥주 공부를 하고 독일 되멘스 비어소믈리에(Doemens Biersommelier) 자격증, 미국 써티파이드 씨서론(Certified Cicerone) 맥주전문가 자격증을 취득하고 10년 넘게 맥주 심사위원으로 활동하고 있습니다.

음식은 단순한 생존 수단이 아닙니다. 그것은 한 나라의 역사와 문화 그리고 사람들의 정체성을 반영하는 살아 있는 예술입니다. 유럽은 수 세기 동안 미식 문화의 중심지로 자리 잡아 왔으며, 각 지역의 요리는 기후와 지형, 역사적 사건 그리고 교역과 전쟁의 영향을 받아 독창적인 형태로 발전해 왔습니다.

이 책은 유럽의 대표적인 요리들이 어떻게 탄생했으며, 그 안에 담긴 역사적, 문화적 의미가 무엇인지 탐구하는 여정을 담고 있습니다. 맥주는 유럽 미식 문화에서 빼놓을 수 없는 중요한 요소입니다. 어떤 음식과 어떤 맥주가 만나야 최고의 풍미를 선사하는지, 이러한 조합이 어떻게 발전해 왔는지를 살펴보는 것도 흥미로운 탐구가 될 것입니다.

  이 책을 통해 우리는 단순히 맛을 음미하는 것을 넘어, 유럽 요리와 맥주가 품고 있는 깊은 이야기와 문화를 이해하게 될 것입니다. 한 접시의 요리, 한 잔의 맥주가 들려주는 이야기에 귀 기울이며, 유럽 미식 인문학의 세계로 들어가 보시기 바랍니다.

  이 책의 외국어 표기는 영어식 발음이나 로마자 표기법에 따른 발음이 아니라 각 언어의 원래 발음에 충실하여 한글과 원어를 병기하여 표기했습니다.

2025년 봄
저자 권경민

TABLE OF
CONTENTS

독일

브레첼(Brezel)
팔짱 낀 수도사가 보이나요? 14

브라트부어스트(Bratwurst)
독일 튀링겐에서 미국 위스콘신까지 19

슈바이네학세(Schweinshaxe)
중세 수도사들의 육류 가공 비법 23

자우어크라우트(Sauerkraut)
몽골 칭기즈칸이 전파한 발효 저장법 27

 오스트리아

비너 슈니첼(Wiener Schnitzel)
송아지 고기가 아니라면 부르지도 마! 34

타펠슈피츠(Tafelspitz)
프란츠 요제프 1세의 사랑을 듬뿍 39

굴라쉬(Gulasch)
헝가리 유목민 간편식에서 비엔나 귀족음식으로 43

카세크라이너(Kasekrainer)
뜨거운 치즈 폭탄 주의! 47

이태리

마르게리타 피자(Pizza Margherita)
이태리 국기색 왕비를 위한 피자 54

카르보나라(Carbonara)
탄광에서 전쟁터를 거쳐 세계로 59

프로슈토 멜론(Prosciutto e Melone)
시대를 초월한 단짝의 고전적 조합 64

오소부코(Osso Buco)
밀라노 농민의 소박한 요리 세계의 미식으로 68

 체코

꼴레뇨(Koleno)
전쟁과 함께 살아남은 체코의 소울푸드 74

스비치코바(Svíčková)
신랑신부가 함께 먹는 결혼식 피로연 요리 80

베프르로 크네들로 젤로(Vepřo Knedlo Zelo)
체코의 돼지고기 삼합 84

트르들로 (Trdelnik)
프라하 길거리 굴뚝빵의 달콤한 유혹 87

🇬🇧 영국

피시 앤 칩스 (Fish and Chips)
산업혁명이 만든 국민음식 94

비프 웰링턴(Beef Wellington)
고든 램지가 되살린 영국 왕실요리 99

요크셔 푸딩(Yorkshire Pudding)
단순한 빵이 아닌, 영국의 전통과 자부심 104

코티지 파이(Cottage Pie)
가난한 농민들의 지혜에서 탄생한 영국의 국민 요리 107

프랑스

푸아그라(Foie Gras)
끊임없는 동물복지 논란의 중심 112

에스카르고(Escargot)
미식과 윤리적 논쟁 사이 117

크로크무슈(Croque-Monsieur)
단순하지만 우아한 미식 122

부야베스(Bouillabaisse)
마르세유 어부들의 수프에서 미식요리로 126

🇨🇭 스위스

퐁듀(Fondue)
치즈업계의 음모가 만든 국가요리? 132

라클렛(Raclette)
알프스 가난한 농부의 생존음식 139

뢰슈티(Rosti)
다언어 국가의 언어장벽 '뢰슈티 장벽' 143

취리히 게슈네첼테스(Zurcher Geschnetzeltes)
스위스의 역사와 문화를 품은 미식 147

🇪🇸 스페인

파에야(Paella)
왕을 위한 요리에서 서민의 음식으로 154

감바스 알 아히요(Gambas al Ajillo)
스페인 선술집의 대표 안주 159

하몽 이베리코(Hamon Iberico)
36개월 숙성, 도토리만 먹고 자란 방목돼지 163

또르띠야 에스빠뇰라(Tortilla Espanola)
전쟁터 병사들의 영양식 169

🇧🇪 벨기에

물르 프리(Moules-Frites)
홍합과 감자튀김의 절묘한 조합 176

카르보나드 플라망드(Carbonnade Flamande)
'가난한 사람들의 스튜'에서 벨기에의 상징으로 181

워터조이(Waterzooi)
벨기에 환경 변화와 역사적 인물의 취향까지 186

'브뤼셀 와플(Brussels Waffle)'
미국을 사로잡은 벨기에의 달콤한 선물 189

GERMANY

독 일

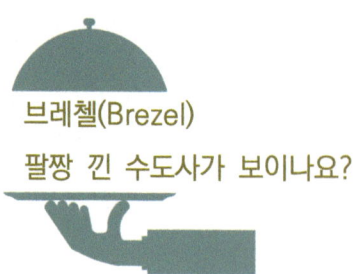

브레첼(Brezel)

팔짱 낀 수도사가 보이나요?

독일인들이 맥주와 함께 가장 많이 즐기는 음식 중 하나가 '브레첼(Brezel)'이다. 브레첼은 짭짤한 맛과 쫄깃한 식감이 특징으로, 독일 남부 바이에른 지역에서 특히 사랑받는다. 독일을 대표하는 현존하는 세계에서 가장 오래된 양조장인 바이엔슈테판 헤페바이스 밀맥주(바이스비어)와 함께 먹으면 브레첼의 고소한 맛과 맥주의 부드러운 풍미가 어우러지면서 완벽한 균형을 이룬다.

Englet Marcus 독일 국영 바이엔슈테판 부사장과 저자

　바이엔슈테판 양조장(Weihenstephan Brewery)은 독일 바이에른주 프라이징(Freising)에 위치한 세계에서 가장 오래된 양조장으로 알려져 있다. 그 기원은 725년으로 거슬러 올라가며, 이때 성 코르비니아누스(Saint Corbinian)가 프라이징에 베네딕트 수도원을 설립했다. 수도사들은 맥주 양조를 시작했으며, 이는 이후 수도원의 중요한 생업이 되었다.

　1040년, 바이엔슈테판 수도원은 바이에른 공작으로부터 공식적으로 맥주 양조 면허를 부여받았다. 이는 역사적으로 문서로 확인된 최초의 공식적인 맥주 양조 허가 중 하나로 기록되었다. 이후 수 세기에 걸쳐 수도원 양조장은 전쟁, 화재, 전염병 등 여러 차례의 위기를 겪었지만, 그때마다 재건되며 전통을 이어왔다.

1803년 독일 세속화 정책으로 인해 수도원이 해체되면서 바이엔슈테판 양조장은 바이에른 정부의 소유로 넘어갔다. 이후 19세기에는 뮌헨 공과대학교(Technical University of Munich)와 협력하여 맥주 양조 기술을 연구하는 기관으로 발전했다. 현재도 바이엔슈테판은 세계적인 맥주 양조 연구소 역할을 하며, 독일 맥주 양조 교육의 중심지로 자리 잡고 있다.

바이엔슈테판은 주로 헤페바이젠(Hefeweizen, 밀맥주) 스타일의 맥주로 유명하며, 전통적인 독일식 맥주 제조법을 유지하면서도 최신 양조 기술을 접목하여 세계적인 명성을 이어가고 있다.

바이에른에서는 브레첼에 버터를 바르거나, '오바츠다(Obatzda)'라는 치즈 스프레드를 곁들여 먹기도 한다. 오바츠다는 카망베르 치즈에 버터, 파프리카 가루, 맥주를 넣어 만든 크리미한 스프레드로, 부드러운 질감과 짭짤한 맛이 맥주와 조화를 이룬다.

브레첼의 독특한 모양은 보기에 좋은 장식이 아니라 중세 시대에는 신앙적인 의미도 담고 있었다. 팔짱을 낀 모습이 기도하는 수도사를 연상시키고, 세 개의 구멍은 성부, 성자, 성령을 상징한다고 여겨졌다. 또한, 브레첼은 사순절 기간 동안 금지된 음식(고기, 계란, 유제품)을 사용하지 않고 만들 수 있어 금식 기간에 더욱 인기가 많았다.

16세기경 독일에서는 브레첼과 관련된 전설이 전해진다. 왕이 제빵사에게 '태양이 세 번 비치는 빵'을 만들라는 명령을 내렸고, 제빵사는 고민 끝에 반죽을 꼬아서 세 개의 구멍이 있는 브레첼을 만들었다. 이 빵을 맛본 왕이 크게 만족하며 제빵사의 목숨을 살려줬다는 이야기다.

중세 유럽에서는 브레첼이 악마를 물리치는 힘이 있다고 믿어 결혼식에서 신랑신부가 함께 브레첼을 나누어 먹으며 행운과 풍요를 기원하는 전통이 생겼다. 또한, 독일에서는 마녀를 쫓아낸다고 여겨 집 문 위에 브레첼을 걸어두는 풍습도 있었다.

17세기에 접어들면서 브레첼은 독일 바이에른 지역에서 맥주와 함께 제공되기 시작했고, 짭짤한 브레첼과 시원한 라거 맥주의 조합은 빠르게 인기를 끌었다. 지금도 독일의 대표적인 맥주 축제인 '옥토버페스트(Oktoberfest)'에서는 커다란 브레첼과 맥주를 함께 즐기는 것이 전통으로 자리 잡았다.

19세기에는 독일 이민자들이 미국으로 건너가면서 브레첼 문화도 함께 전파됐다. 특히 '펜실베이니아 독일계 이민자(펜실베이니아 더치)'들이 브레첼을 대중화했고, 이후 20세기에는 바삭한 스낵용 브레첼이 개발되면서 더 많은 사람들이 즐길 수 있게 됐다. 현재 미국에서는 뉴욕과 필라델피아의 길거리에서 소프트 브레첼이 인기 있으며, 초콜릿 코팅이나 카라멜이 뿌려진 달콤한 브레첼도 사랑받고 있다.

　이처럼 브레첼은 단순한 빵이 아니라 수도원의 작은 보상에서 시작해 신앙적 상징이 되었고, 맥주와 만나 대중적인 간식으로 발전해왔다. 독일의 브레첼부터 미국식 브레첼 스낵까지, 브레첼은 시대와 문화를 넘어서 사랑받는 음식으로 자리 잡았다.

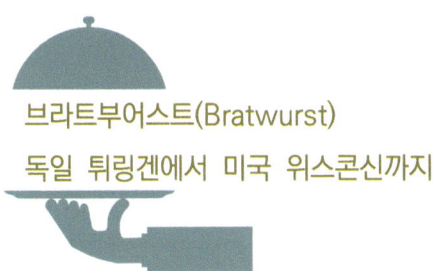

브라트부어스트(Bratwurst)
독일 튀링겐에서 미국 위스콘신까지

맥주 안주로 빠질 수 없는 것이 바로 독일식 소시지 브라트부어스트(Bratwurst)다. 브라트부어스트는 숯불에 구운 돼지고기 소시지로, 겉은 바삭하고 속은 육즙이 풍부해 필스너(Pilsner) 같은 라거 맥주와 함께하면 최고의 조합이 된다. 또 다른 인기 있는 소시지 요리인 '커리부어스트(Currywurst)'는 케첩과 커리가루를 뿌려 먹는 방식으로, 맥주와 함께 즐기기에 가볍고 중독적인 맛을 자랑한다.

　독일의 대표적인 소시지인 '브라트부어스트(Bratwurst)'는 오랜 역사를 지닌 음식이다. 단순한 소시지가 아니라, 지역마다 전통과 개성이 담겨 있으며, 독일인의 식문화에서 중요한 역할을 해왔다. '브라트부어스트'라는 이름은 독일어에서 유래했는데, 'Brat'은 원래 잘게 썬 고기를 뜻하며, 'Wurst'는 소시지를 의미한다. 그러나 시간이 지나면서 'Brat'가 '굽다'라는 뜻으로도 해석되면서, 흔히 '구운 소시지'로 알려지게 되었다.
　중세 독일에서는 소시지 품질을 엄격히 규제했다. 1432년 뉘른베르크 시의회는 브라트부어스트에 대한 법률을 제정하여, 특정한 고기 품질을 유지해야 한다고 명시했다. 이는 소비자를 보호하기 위한 최초의 식품 안전 규정 중 하나로 평가받고 있다.

브라트부어스트는 독일 맥주 문화와 깊은 연관이 있다. 특히 독일의 옥토버페스트(Oktoberfest)에서는 브라트부어스트와 바이에른식 브레첼 그리고 신선한 라거 맥주가 완벽한 조합으로 즐겨진다.

브라트부어스트의 기원은 정확히 밝혀지지는 않았지만, 가장 오래된 기록은 1313년 독일 튀링겐(Thuringen) 지역에서 발견되었다. 튀링겐은 지금도 브라트부어스트로 유명한 지역이며, '튀링겐 브라트부어스트'는 지리적 표시 보호(Protected Geographical Indication, PGI)를 받을 정도로 오랜 전통을 자랑한다. 당시 브라트부어스트는 돼지고기와 송아지고기를 섞어 만들었으며, 양념으로는 소금, 후추, 마조람(marjoram), 마늘 등이 사용되었다.

15세기에는 바이에른과 프랑켄(Franken) 지방에서도 브라트부어스트가 널리 퍼졌고, 각 지역마다 조금씩 다른 레시피가 만들어졌다. 예를 들어, 뉘른베르크(Nurnberg) 브라트부어스트는 크기가 작고 양념이 강한 것이 특징이며, 튀링겐(Thuringer) 브라트부어스트는 길고 굵으며 허브 향이 강하다. 반면, 프랑켄(Frankische) 브라트부어스트는 좀 더 담백한 맛을 가지고 있다.

　브라트부어스트는 단순히 맛있는 소시지가 아니라, 독일 문화에서 중요한 의미를 지닌 음식이기도 하다. 중세 시대에는 길거리에서 쉽게 찾아볼 수 있는 음식이었고, 노동자들에게는 값싸고 든든한 한 끼 식사가 되었다. 특히 맥주 문화가 발달한 독일에서는, 브라트부어스트가 맥주와 함께하는 대표적인 안주로 자리 잡았다.

　현재도 독일에서는 맥주 축제(Oktoberfest)나 크리스마스 마켓에서 브라트부어스트를 흔히 볼 수 있다. 뜨겁게 구운 브라트부어스트를 바삭한 빵(Brotchen)과 함께 먹거나, 자우어크라우트(Sauerkraut)와 곁들이면 독일의 전통적인 맛을 제대로 느낄 수 있다.

　브라트부어스트는 독일인의 대표 소울푸드로 오랜 세월 동안 독일의 지역적 특색과 전통을 담아 발전해 온 음식이다. 오늘날에도 독일 전역에서 사랑받으며, 전통을 지키면서도 현대적인 방식으로 다양하게 변형되고 있다. 한 번 맛보면 왜 독일인들이 이 소시지를 그렇게 좋아하는지 알게 될 것이다.

　브라트부어스트는 19세기 독일 이민자들에 의해 미국으로 전파되었다. 특히 위스콘신주에서는 '브랏 페스트(Brat Fest)'라는 축제가 열릴 정도로 인기가 많으며, 미국식 핫도그 문화에도 영향을 주었다.

슈바이네학세(Schweinshaxe)
중세 수도사들의 육류 가공 비법

독일에 가면 꼭 맛봐야 할 대표적인 육류 요리 중 하나인 '슈바이네학세(Schweinshaxe)'도 맥주와 잘 어울린다. 슈바이네학세는 돼지 앞다리를 오븐에 천천히 구워 겉은 바삭하고 속은 부드럽게 만든 요리로, 바이에른 지역에서 특히 유명하다. 기름지고 진한 맛이 나는 이 요리는 묵직한 복비어(Bockbier)나 밀맥주(바이스비어)와 함께하면 그 풍미가 더욱 살아난다.

'Schweinshaxe'라는 이름은 독일어에서 유래했다. 'Schwein'은 돼지를 뜻하고, 'Haxe'는 다리 부위를 의미하는데, 특히 앞다리나 뒷다리의 아랫부분(족발 부위)을 가리킨다. 이 부위는 지방과 콜라겐이 풍부해 오랜 시간 조리하면 부드럽고 진한 풍미를 낸다.

이 요리의 기원은 중세 유럽으로 거슬러 올라간다. 당시 농부와 노동자 계층은 고급 부위보다는 상대적으로 저렴한 돼지 다리 부위를 활용해 요리를 만들어야 했다. 특히 독일 남부와 알프스 지역에서는 보존을 위해 소금에 절이거나 훈제하는 방식이 발전했다. 하지만 시간이 지나면서 저장 식품을 넘어, 바삭하게 구워내는 조리법이 개발되었고, 오늘날 우리가 아는 슈바이네학세로 자리 잡게 되었다는 주장이 있다.

또 하나의 주장은 수도원 유래설이다. 중세 유럽에서 수도원은 단지 종교적 공간이 아니라 자급자족 경제 체계를 갖춘 중요한 식문화의 중심지였다. 수도사들은 빵, 치즈, 맥주뿐만 아니라 육류를 직접 가공하여 보관하고 조리하는 방법을 연구했다. 특히 바이에른과 같은 독일 남부 지역에서는 수도원에서 돼지를 사육하고 도축한 후, 고기의 보존성을 높이기 위해 염장, 훈연, 천천히 조리하는 방식이 발달했다.

슈바이네학세 역시 이러한 맥락에서 수도원에서 조리되었던 음식 중 하나로 여겨진다. 돼지 족발은 고기의 다른 부위에 비해 저렴하고 쉽게 구할 수 있었으며, 장시간 익혀야 하지만 조리 후에는 매우 부드럽고 풍미가 깊어졌다. 특히 바이에른 수도원에서는 맥주와 함께 오랜 시간 조리한 족발 요리를 제공했으며, 맥주와의 조화를 고려해 족발을 천천히 구워 바삭한 껍질과 부드러운 속살을 만들어냈다.

또한, 수도원에서는 금식일과 관련된 규율이 있었기 때문에, 특정한 날에는 육류를 제한적으로 소비할 수밖에 없었다. 따라서 육류를 보다 효율적으로 활용하기 위해 다양한 조리법이 발전했으며, 슈바이네학세도 그 결과 중 하나로 볼 수 있다. 특히, 수도사들은 맥주 양조와 함께 고기 요리를 연구하며, 맥주의 홉과 맥아 풍미가 돼지 족발의 기름진 맛과 완벽하게 어울린다는 점을 발견했다.

오늘날 바이에른의 유명한 수도원 양조장(바이엔슈테판, 안덱스 수도원 양조장 등)에서는 슈바이네학세와 둔켈(Dunkel) 또는 바이스비어(Weißbier)를 함께 제공하는 전통이 이어지고 있다. 슈바이네학세가 수도원의 음식에서 바이에른의 대표적인 대중 음식으로 발전하는 과정은 맥주 문화와 수도원 음식의 결합이 가져온 독일 식문화의 중요한 사례라고 할 수 있다.

16세기경 바이에른 지역에서는 맥주 문화가 발달하면서 맥주에 어울리는 음식들이 발전했다. 슈바이네학세는 그중 하나로, 돼지고기의 고소한 맛과 맥주의 풍미가 잘 어울렸기 때문에 독일식 비어 가든(Biergarten)과 맥주 축제에서 빠질 수 없는 음식이 되었다. 특히, 오랜 시간 낮은 온도에서 천천히 구운 슈바이네학세는 속살이 부드러우면서도 겉이 바삭해지는 것이 특징이며, 이는 전통적인 독일 맥주와 환상적인 조합을 이룬다.

또한, 바이에른 지역에서는 슈바이네학세를 둔켈(Dunkel) 같은 진한 흑맥주로 오랜 시간 졸여 풍미를 더하기도 했다. 이런 방식은 요리의 깊은 맛을 더할 뿐만 아니라, 맥주를 활용한 독일식 요리 문화의 발전을 보여주는 좋은 예이기도 하다.

슈바이네학세는 원래 바이에른에서 유래했지만, 시간이 지나면서 독일 전역으로 퍼졌다. 바이에른식(Bayrische Schweinshaxe)은 구워서 바삭하게 만드는 방식이지만,

베를린과 북독일 지역에서는 삶아서 요리하는 방식(Eisbein, 아이스바인)도 인기가 많다. 아이스바인은 슈바이네학세와 달리 부드러운 질감이 특징이며, 자우어크라우트(Sauerkraut, 발효 양배추)와 감자와 함께 곁들여 먹는다.

오늘날 슈바이네학세는 독일을 방문하는 관광객들이 꼭 맛봐야 할 대표적인 전통 요리로 자리 잡았다. 옥토버페스트(Oktoberfest) 같은 독일의 대형 맥주 축제에서는 슈바이네학세와 브레첼, 맥주가 함께 제공되며, 현지인들과 여행객들 모두에게 인기 있는 메뉴다.

뿐만 아니라, 독일 이민자들이 세계 곳곳으로 퍼지면서 슈바이네학세도 해외로 전파되었다. 특히 미국과 브라질, 아르헨티나 같은 독일계 이민자들이 많은 나라에서는 슈바이네학세를 현지 스타일로 변형하여 즐기기도 한다.

이제 세계적으로 사랑받는 독일식 족발 요리 슈바이네학세는 맥주 문화와 함께 발전해온 독일의 역사와 전통이 담긴 음식이다. 한 번 맛보면 바삭한 껍질과 육즙 가득한 속살의 조화에 반하게 될 것이다.

자우어크라우트(Sauerkraut)
몽골 칭기즈칸이 전파한 발효 저장법

독일식 안주에는 육류뿐만 아니라 발효 채소도 포함된다. 대표적인 것이 바로 '자우어크라우트(Sauerkraut)'다. 자우어크라우트는 발효된 양배추로, 새콤한 맛이 기름진 음식과 균형을 이루어준다. 독일에서는 소시지나 슈바이네학세와 함께 곁들여 먹으며, 둔켈(Dunkel)이나 헬레스(Helles) 같은 맥주와 함께하면 느끼함을 잡아주는 역할을 한다.

자우어크라우트(Sauerkraut)는 메인요리와 곁들이는 사이드 음식이지만, 그 자체만으로도 독일을 대표하는 음식이다. 이 음식은 독일의 다양한 요리와 함께 제공되며, 독일 음식 문화에서 중요한 역할을 해왔다. 하지만 이 발효 양배추의 기원은 의외로 독일이 아니라 고대 중국에서 시작되었다는 가설이 있다.

기원전 3세기경, 중국에서는 이미 배추를 절여 저장하는 방법이 널리 사용되었다. 특히 몽골의 칭기즈칸 군대는 이 발효된 채소를 전쟁식량으로 활용했다고 한다. 유럽으로 진출한 몽골인들은 이 저장 방법을 전파했고, 이를 접한 유럽인들은 점차 자신들의 환경에 맞게 변형하여 오늘날의 자우어크라우트를 탄생시켰다.

　중세 유럽에서 자우어크라우트는 저장 음식으로 중요한 역할을 했다. 냉장 기술이 없던 시절, 겨울철에도 신선한 채소를 섭취할 수 있는 방법이 필요했다. 양배추를 소금에 절이고 자연 발효시키는 방식은 단순하면서도 효과적인 보존법이었으며, 시간이 지나면서 독일을 비롯한 유럽 여러 나라에서 널리 퍼지게 되었다. 이 과정에서 독일에서는 '신맛이 나는 채소'라는 뜻의 'Sauer'와 'Kraut'라는 단어를 합쳐 자우어크라우트라는 이름이 붙었다.

15~16세기 대항해 시대에는 이 발효 양배추가 더욱 중요해졌다. 신선한 과일과 채소를 섭취하기 어려운 환경에서 오랫동안 항해를 해야 했던 선원들에게 자우어크라우트는 필수적인 음식이었다. 이 발효된 양배추에는 비타민 C가 풍부하게 들어 있었기 때문에, 괴혈병을 예방하는 역할을 했다. 실제로 18세기 말, 영국의 제임스 쿡(James Cook) 선장은 태평양 항해 동안 선원들에게 자우어크라우트를 먹게 하여 괴혈병 발생률을 낮췄다고 한다.

  독일에서는 자우어크라우트가 브라트부어스트, 슈바이네학세와 함께 즐기는 전통적인 음식으로 자리 잡았다. 지역에 따라 다양한 스타일이 존재하는데, 바이에른 지역에서는 커민이나 백포도주를 넣어 부드러운 풍미를 더하고, 라인란트 지역에서는 사과나 양파, 베이컨을 추가해 달콤한 맛을 내기도 한다. 자우어크라우트는 독일뿐만 아니라 프랑스 알자스 지역, 네덜란드, 폴란드, 러시아에서도 비슷한 형태로 발전했으며, 각 지역의 특성에 맞게 변형되었다.

  19세기 독일 이민자들이 미국으로 건너가면서 자우어크라우트도 함께 전파되었다. 특히 펜실베이니아 더치(Pennsylvania Dutch)라고 불리는 독일계 이민자들은 이 음식을 전통적으로 즐겼고, 이후 미국식 핫도그에 자우어크라우트가 올라가는 문화가 형성되었다. 시간이 흐르면서 자우어크라우트는 독일 전통 음식에서 벗어나 건강식으로도 주목받게 되었다. 발효 과정에서 생성되는 유산균이 장 건강을 돕고 면역력을 강화하는 효과가 알려지면서, 최근에는 유럽뿐만 아니라 전 세계적으로 다시 인기를 얻고 있다.

  또한, 감자로 만든 '카르토펠잘라트(Kartoffelsalat, 감자샐러드)'도 독일식 맥주 안주로 인기 있으며, 부드러운 식감과 감칠맛이 맥주와 잘 어우러진다.

카르토펠잘라트(Kartoffelsalat), 즉 감자 샐러드는 독일을 대표하는 사이드 디쉬 중 하나로, 지역마다 다양한 스타일로 즐겨진다. 특히 남부 바이에른 지역에서는 식초와 기름을 베이스로 한 가벼운 버전이, 북부 독일에서는 마요네즈가 들어간 크리미한 버전이 더 선호된다. 이 소박한 감자 요리에도 흥미로운 역사적 배경과 문화적 상징이 담겨 있다.

카르토펠잘라트의 기원은 감자가 유럽에 전파된 16세기 후반부터 시작된다. 독일을 포함한 유럽 대부분의 국가들은 감자를 처음에는 가축 사료로만 사용했지만, 18세기에 접어들면서 프리드리히 대왕(프러시아 국왕)의 적극적인 보급 정책 덕분에 독일 전역에서 주요 식량이 되었다. 특히 감자는 전쟁 시기에 중요한 구황작물로 자리 잡았다.

19세기와 20세기 동안 독일이 겪은 여러 전쟁, 특히 두 차례의 세계 대전 동안 감자는 값싸고 쉽게 보관할 수 있는 식량으로 각광받았으며, 카르토펠잘라트 역시 병사들과 민간인들의 중요한 한 끼가 되었다. 감자를 삶아 남은 재료와 함께 버무려 간단하게 먹을 수 있었기 때문에, 전시 상황에서도 영양을 보충할 수 있는 실용적인 음식이었다.

독일에서는 크리스마스이브 저녁 식사로 카르토펠잘라트를 즐기는 전통이 있다. 일반적으로 소시지(Würstchen)와 함께 제공되는 이 메뉴는 '검소한 크리스마스이브(Einfaches Heiligabendessen)'라는 개념에서 유래했다. 전통적으로 독일에서는 크리스마스이브에 호화로운 요리보다는 단순한 식사를 하고, 크리스마스 당일에 오리 구이 또는 슈바이네브라텐(Schweinebraten)과 같은 푸짐한 만찬을 즐긴다.

이러한 전통은 경제적 이유뿐만 아니라 종교적 의미도 내포하고 있다. 크리스마스이브를 보다 소박하게 보내며 예수의 탄생을 기다리는 시간이기 때문에 간단한 식사를 하면서 가족들과 시간을 보내는 것이 중요하게 여겨진 것이다.

　카르토펠잘라트는 독일뿐만 아니라, 오스트리아, 체코, 폴란드 등 중유럽 국가에서도 변형된 형태로 널리 소비된다. 또한, 독일 이민자들이 많이 정착한 미국에서도 인기 있는 요리로 자리 잡았다. 특히 미국 남부에서는 바비큐 요리와 함께 제공되는 감자 샐러드가 독일식 카르토펠잘라트의 영향을 받은 것으로 알려져 있다.

　맥주 축제나 야외 시장에서는 생선을 활용한 안주도 많이 볼 수 있다. 대표적인 것이 바로 '슈타이커피쉬(Steckerlfisch)'다. 슈타이커피쉬는 바이에른 지역에서 흔히 볼 수 있는 숯불 생선구이로, 고소하고 바삭한 맛이 특징이다. 필스너(Pilsner)나 헬레스(Helles) 같은 라거 맥주와 함께 먹으면 깔끔하면서도 깊은 맛을 즐길 수 있다.

　이처럼 독일의 맥주 안주는 곁들임 음식이 아니라, 맥주의 풍미를 더욱 살려주는 중요한 요소다. 브레첼과 소시지처럼 전통적인 안주부터, 자우어크라우트나 슈타이커피쉬 같은 독특한 조합까지, 독일에서는 맥주와 함께하는 모든 순간이 특별하다.

AUSTRIA

오스트리아

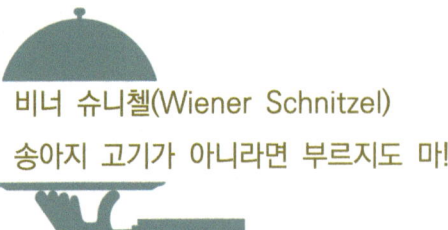

비너 슈니첼(Wiener Schnitzel)
송아지 고기가 아니라면 부르지도 마!

오스트리아는 유럽의 중심에 자리한 나라로, 알프스의 웅장한 자연경관과 함께 깊은 전통을 가진 음식 문화로도 유명하다. 독일, 헝가리, 체코, 이탈리아 등 여러 나라의 영향을 받아 발전해 온 오스트리아 소박한 요리는 이곳 사람들의 역사와 삶을 담고 있는 소중한 유산이다.

오스트리아를 대표하는 요리 중 하나는 '비너 슈니첼(Wiener Schnitzel)'이다. 얇게 저민 송아지 고기에 밀가루, 달걀, 빵가루를 차례로 입혀 바삭하게 튀겨낸 이 요리는 한입 베어 물면 겉은 바삭하고 속은 부드러우며 고소한 풍미가 입안 가득 퍼진다. 전통적으로 감자샐러드나 레몬 한 조각과 함께 제공되며, 오스트리아 전역에서 쉽게 찾아볼 수 있는 요리이기도 하다.

오스트리아를 대표하는 요리 중 하나인 비너 슈니첼(Wiener Schnitzel)은 바삭한 빵가루 옷을 입고 노릇하게 튀겨진 오스트리아 국민요리다. 이 요리는 오스트리아의 역사와 문화를 담고 있는 특별한 음식이다. 비엔나를 거닐다 보면, 수많은 레스토랑에서 이 요리를 만나볼 수 있다. 하지만 그 기원에 대해서는 아직도 여러 가지 설이 존재한다.

비너 슈니첼이 처음부터 오스트리아에서 탄생한 것은 아니라는 주장이 있다. 일부 학자들은 이 요리가 이탈리아 밀라노에서 유래했다고 본다. 1857년, 오스트리아 장군 요제프 라데츠키(Joseph Radetzky)가 이탈리아 원정을 마치고 돌아오면서, 밀라노에서 먹었던 '코토레타 알라 밀라네제(Cotoletta alla Milanese)'라는 요리를 소개했다고 전해진다.

코토레타 알라 밀라네제는 송아지 고기를 빵가루에 입혀 튀긴 요리로 오늘날의 비너 슈니첼과 매우 흡사하다. 당시 오스트리아-헝가리 제국의 지배하에 있던 이탈리아 북부 지역에서 이 요리를 맛본 라데츠키가 프란츠 요제프 1세 황제에게 보고했고, 황제가 크게 흥미를 보이면서 오스트리아 궁정에서도 이 요리를 만들기 시작했다는 것이다.

하지만 오스트리아의 일부 학자들은 이 설에 대해 반박한다. 사실, 빵가루를 입혀 튀기는 요리 방식은 오스트리아뿐만 아니라 유럽 곳곳에서 오래전부터 존재했다. 이미 중세 시대 독일과 오스트리아 지역에서는 비슷한 방식의 튀김 요리가 있었고, 유대인 전통 요리에서도 유사한 조리법이 사용되었다.

비엔나에서 이 요리는 더욱 발전했다. 밀라노식 요리와 차별화를 두기 위해 몇 가지 변화가 생겼다. 비너 슈니첼은 뼈를 제거한 얇은 고기를 사용한다. 돼지기름이나 식용유로 바삭하게 튀기는 방식이 정착되었다. 돼지고기(슈바인슈니첼)나 닭고기(푸트슈니첼) 등 다양한 버전으로 확장되었다.

19세기 후반, 오스트리아의 요리책과 레스토랑 메뉴에서 'Wiener Schnitzel'이라는 명칭이 점점 자리를 잡아갔다. 그리고 20세기 초반부터 이 요리는 오스트리아를 대표하는 음식으로 자리 잡으며 일부 귀족들만의 미식에서 대중적인 음식으로 확산되었다.

현재 오스트리아에서 비너 슈니첼이라는 이름을 사용할 수 있는 기준은 명확하다. 오스트리아의 식품 규정에 따르면, 비너 슈니첼은 반드시 송아지 고기(veal)로 만들어져야 한다. 만약 돼지고기나 닭고기로 만든다면 '비너 슈니첼'이라는 명칭을 쓸 수 없고, 대신 '슈니첼 비너 아트(Schnitzel Wiener Art, 비엔나풍 슈니첼)'라는 이름을 붙여야 한다.

이제 비너 슈니첼을 더욱 맛있게 즐길 방법을 살펴볼 차례다. 바로, 오스트리아의 대표적인 맥주와의 페어링이다.

비너 슈니첼의 바삭한 튀김옷과 부드러운 속살을 가장 잘 살려주는 맥주는 무엇일까? 오스트리아는 유럽에서도 맥주 문화가 깊이 자리 잡은 나라 중 하나이며, 지역별로 다양한 스타일의 맥주를 생산한다. 비너 슈니첼과 조화를 이루는 맥주를 선택할 때는 고소한 튀김의 기름진 맛을 깔끔하게 잡아주면서도 슈니첼의 풍미를 살려주는 맥주를 찾는 것이 중요하다.

먼저, 오스트리아에서 가장 인기 있는 맥주 스타일인 마르첸(Marzen)이 대표적인 선택이다. 맑고 밝은 황금빛을 띠며, 적당한 몰트의 단맛과 약간의 허브 향이 느껴진다. 적당한 탄산과 부드러운 목 넘김이 특징으로, 바삭한 슈니첼의 식감을 해치지 않으면서 깔끔하게 균형을 맞춘다. 마르첸의 가벼운 홉의 쌉쌀함이 튀김의 기름기를 잡아주어, 마지막까지 개운하게 즐길 수 있다.

다음으로, 오스트리아에서 탄생한 '비엔나 라거(Vienna Lager)'도 훌륭한 페어링이 된다. 비엔나 라거는 약간 붉은 빛을 띠는 맥아(Malt) 중심의 라거다. 카라멜과 토스트 같은 은은한 단맛이 있어 슈니첼의 고소한 풍미와 잘 어울린다. 깔끔한 마무리감과 가벼운 홉의 쓴맛이 슈니첼의 느끼함을 잡아주면서, 전체적인 밸런스를 맞춘다.

보다 청량하고 상쾌한 맛을 원한다면 '필스너(Pilsner)'도 좋은 선택이다. 홉의 개성이 강하고, 청량감이 높은 맥주 스타일이다. 상쾌한 탄산감과 깔끔한 피니시가 특징으로, 슈니첼의 바삭한 식감과 잘 어울린다. 기름진 음식을 씻어주는 효과가 있어, 슈니첼을 먹을 때 부담 없이 곁들이기 좋다.

조금 색다른 조합을 원한다면 '바이젠비어(Hefeweizen)'를 선택해도 좋다. 부드럽고 크리미한 질감이 특징이며, 바나나, 정향 같은 달콤한 향이 느껴진다. 밀맥주의 은은한 산미가 슈니첼의 느끼함을 줄여주면서 감자샐러드나 레몬과도 좋은 조화를 이룬다.

오스트리아 현지 레스토랑에서 슈니첼과 함께 맥주 한 잔을 곁들이는 순간, 비엔나의 맛과 문화를 온전히 경험하는 기분을 느낄 수 있을 것이다. 한 조각의 슈니첼, 한 모금의 맥주. 그 순간, 우리는 오스트리아의 이야기를 함께 경험하게 된다.

타펠슈피츠(Tafelspitz)
프란츠 요제프 1세의 사랑을 듬뿍

조금 더 깊고 진한 맛을 원한다면 '타펠슈피츠(Tafelspitz)'를 추천한다. 이 요리는 소고기를 채소와 함께 천천히 삶아내어 육질이 부드럽고 담백한 맛이 특징이다. 오스트리아 황제 프란츠 요제프 1세가 즐겨 먹었다고 전해지며, 지금도 많은 레스토랑에서 그 전통을 이어오고 있다. 따뜻한 국물과 함께 제공되며, 사과양고추냉이 소스(Apfelkren)와 감자, 시금치 퓌레를 곁들이면 더욱 조화로운 맛을 즐길 수 있다.

오스트리아의 대표적인 전통 요리 중 하나인 '타펠슈피츠(Tafelspitz)'는 '오스트리아-헝가리 제국의 황제 프란츠 요제프 1세(Franz Joseph I)'가 가장 즐겨 먹던 음식으로 유명하다. 오늘날까지도 비엔나의 고급 레스토랑에서 오스트리아인과 관광객들에게 꾸준히 사랑받고 있다.

타펠슈피츠는 오스트리아에서 시작된 요리라기보다는 중앙유럽 전역에서 흔히 볼 수 있던 전통적인 소고기 수프 요리에서 발전한 것이라고 보는 것이 맞다.

중세 유럽에서 소고기는 보통 훈제하거나 건조해서 저장하는 방식이 일반적이었지만, 오스트리아-헝가리 제국에서는 끓이는 조리법이 발달했다. 이는 알프스 지역에서 부드럽고 촉촉한 육류 요리를 선호했던 식문화의 영향이었다. 19세기 초반, 오스트리아 궁정에서는 질 좋은 소고기를 향신료와 함께 오랫동안 삶아 육즙을 풍부하게 유지하는 방식을 개발했고, 이를 '타펠슈피츠'라고 불렀다.

'타펠(Tafel)'은 독일어로 '식탁'을 뜻하고, '슈피츠(Spitz)'는 '뾰족한 부분'이라는 뜻이다. 즉, 타펠슈피츠란 소의 등심 중 뾰족한 부위를 삶아낸 요리를 의미한다.

타펠슈피츠는 19세기 후반, 프란츠 요제프 1세 황제가 매일같이 먹었던 요리로 유명해졌다. 그는 단순하고 건강한 음식을 선호했으며, 특히 삶은 소고기와 함께 제공되는 육수와 채소를 즐겼다. 덕분에 타펠슈피츠는 궁정 요리로 자리 잡았고, 상류층뿐만 아니라 중산층에게도 인기를 끌었다.

오늘날 비엔나에서는 타펠슈피츠를 전문적으로 제공하는 레스토랑이 많으며, 그중에서도 '플뤼겔무러(Plachutta)'라는 레스토랑이 가장 유명하다. 이곳에서는 전통 방식 그대로 타펠슈피츠를 제공하며, 손님들은 진한 육수와 부드러운 고기를 함께 즐길 수 있다.

　타펠슈피츠는 부드러운 식감과 깊은 감칠맛이 특징이므로, 이에 어울리는 맥주는 적당한 바디감과 은은한 몰트 풍미를 가진 스타일이어야 한다. 너무 쓴 맥주보다는 균형 잡힌 맛과 깔끔한 마무리감을 가진 맥주가 이상적이다.

　오터크링거 비너 라거(Ottakringer Wiener Lager), 에델바이스 골트브로이(Edelweiss Goldbrau) 등 가벼운 카라멜 향과 고소한 몰트 풍미가 특징이다. 부드러운 타펠슈피츠와 잘 어울리며, 육수의 감칠맛을 더 돋보이게 한다. 적당한 탄산감과 크리스피한 마무리가 타펠슈피츠의 부드러운 식감과 조화를 이룬다. 비엔나 라거는 타펠슈피츠와 가장 잘 어울리는 맥주 중 하나로, 전통적인 오스트리아 요리와 함께 자주 추천된다.

　괴서 마르첸(Gosser Marzen), 에겐베르거 우어-마르첸(Eggenberger Ur-Marzen) 등 마르첸은 비엔나 라거보다 약간 더 깊고 진한 몰트 풍미를 가지고 있으며, 타펠슈피츠의 부드러운 고기와 감칠맛을 더욱 강조해 준다. 너무 무겁지 않으면서도 고기의 풍미를 살려주는 역할을 한다. 짙은 금빛 컬러와 함께 은은한 캐러멜과 견과류 향이 감도는 것이 특징이다. 마르첸은 황제가 먹었던 전통적인 스타일의 맥주와 가장 가깝기 때문에 정통 오스트리아식 식사를 경험하고 싶다면 좋은 선택이다.

슈티글 둔켈(Stiegl Dunkel), 바이에리셔 둔켈(Bayrischer Dunkel) 등은 짙은 갈색을 띠는 전통적인 독일식 라거로, 초콜릿, 토피, 구운 빵 같은 몰트 풍미가 강조된 맥주다. 타펠슈피츠의 고소한 맛과 어우러져 더욱 풍부한 감칠맛을 느낄 수 있다. 부드럽고 크리미한 마우스필이 있어 타펠슈피츠의 부드러운 육질과 잘 어울린다. 둔켈은 타펠슈피츠의 감칠맛을 더욱 강조하는 역할을 하며 특히 겨울철 따뜻한 요리와 함께할 때 좋은 페어링이다.

타펠슈피츠를 제대로 즐기려면 전통적인 방식대로 따뜻한 육수와 함께 먹는 것이 중요하다. 비엔나의 레스토랑에서는 타펠슈피츠를 깊고 진한 육수와 함께 제공하며, 곁들여지는 감자, 호스래디시 그리고 크림 시금치가 조화를 이룬다.

거기에 좋은 맥주 한 잔과 함께라면 그 경험은 더욱 특별해진다. 비엔나 라거의 고소한 풍미, 마르첸의 깊이 있는 맛, 둔켈의 부드러운 크리미한 질감 중 어떤 것을 선택하든 타펠슈피츠의 풍미를 한층 더 끌어올려 줄 것이다.

한 모금의 맥주, 한 입의 타펠슈피츠 그리고 천천히 우러나는 육수의 깊은 맛. 오스트리아 황제가 사랑한 이 요리를 맛보는 순간 우리는 잠시나마 19세기 비엔나의 궁정에 앉아 있는 듯한 기분을 느끼게 된다.

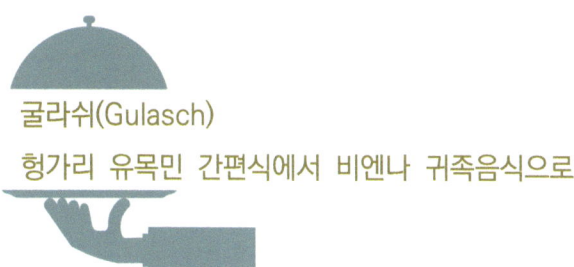

굴라쉬(Gulasch)
헝가리 유목민 간편식에서 비엔나 귀족음식으로

오스트리아의 추운 겨울에는 몸을 따뜻하게 데워줄 요리가 필수다. 이때 가장 많이 찾게 되는 것이 바로 '굴라쉬(Gulasch)'다. 헝가리에서 유래한 이 요리는 오스트리아식으로 변형되면서 더욱 걸쭉하고 진한 풍미를 갖게 되었다. 소고기와 양파, 파프리카 가루가 어우러져 만들어지는 굴라쉬는 빵이나 감자와 함께 곁들여 먹으면 한 끼 식사로도 손색이 없다.

오스트리아의 대표적인 요리 중 하나인 '굴라쉬(Gulasch)'도 사실 오스트리아에서 처음 탄생한 요리가 아니다. 이 요리는 헝가리에서 시작되었지만, 오스트리아-헝가리 제국을 거치며 다양한 변화를 겪으며 발전해왔다. 오늘날 오스트리아식 굴라쉬는 전통적인 헝가리식과는 다소 다른 독특한 스타일을 가지고 있으며, 오스트리아 사람들에게 없어서는 안 될 국민 요리로 자리 잡았다.

굴라쉬는 헝가리의 유목민들이 먹던 요리에서 시작되었다. 9세기경, 헝가리 초원(푸스타)에서 소떼를 몰던 마자르(Magyar) 유목민들은 긴 여정 동안 쉽게 조리할 수 있는 음식을 필요로 했다. 그들은 소고기를 작게 썰어 말린 후, 물과 함께 끓여 국물 요리를 만들어 먹었다. 이렇게 만들어진 요리는 이동 중에도 쉽게 보관할 수 있었고, 언제든 따뜻한 식사를 할 수 있게 해주었다.

이후 18세기와 19세기, 헝가리가 오스트리아-헝가리 제국의 일부가 되면서, 이 헝가리식 국물 요리는 비엔나의 귀족과 시민들에게도 인기를 끌기 시작했다. 오스트리아식 굴라쉬는 헝가리의 원조와 달리 국물보다는 스튜에 가까운 형태로 변화했다. 또, 헝가리식 굴라쉬에 필수적인 파프리카가 더해지면서 더욱 깊은 풍미를 가지게 되었다.

오스트리아식 굴라쉬는 헝가리식과 달리 걸쭉한 국물과 풍부한 양파 맛이 특징이다. 헝가리에서는 보통 감자나 채소를 많이 넣지만, 오스트리아에서는 양파와 소고기, 파프리카를 기본으로 한 단순한 레시피가 일반적이다. 오스트리아의 대표적인 굴라쉬 스타일은 다음과 같다.

피아커 굴라쉬(Fiaker Gulasch)는 비엔나에서 유래한 스타일로 보통 계란 프라이, 소시지, 절인 오이와 함께 제공된다. 이름은 비엔나의 마차(Piaker)에서 유래했으며, 마부들이 즐겨 먹던 요리였다.

자우어 굴라쉬(Saure Gulasch)는 식초와 피클이 들어가 새콤한 맛이 특징인 굴라쉬로 육류의 감칠맛과 새콤한 맛이 조화를 이루며, 보통 빵과 함께 제공된다.

비너 굴라쉬(Wiener Gulasch)는 전통적인 비엔나 스타일 굴라쉬로 걸쭉한 소스와 풍부한 양파가 들어간다. 오랫동안 천천히 조리하여 깊은 맛을 내며, 감자나 덤플링과 함께 제공된다.

굴라쉬는 진한 맛과 깊은 감칠맛을 가진 요리이므로, 이에 어울리는 맥주는 적당한 바디감과 몰트 풍미가 풍부한 스타일이 좋다. 너무 가벼운 맥주는 굴라쉬의 강한 맛에 밀려버리고, 너무 쓴 맥주는 균형을 깨뜨릴 수 있다.

슈티글 둔켈(Stiegl Dunkel), 괴서 둔켈(Gosser Dunkel) 등 깊은 카라멜, 초콜릿, 토피 같은 몰트 풍미를 지닌 맥주는 굴라쉬의 진한 소스와 조화를 이루며, 감칠맛을 더욱 강조해준다. 부드러운 질감과 약간의 단맛이 굴라쉬의 매콤한 파프리카 풍미와 잘 어울린다. 둔켈은 전통적인 오스트리아 요리와 궁합이 좋아, 굴라쉬를 먹을 때 가장 추천되는 맥주 중 하나다.

에겐베르거 마이복(Eggenberger Maibock), 슈나이더 아벤트 마이복(Schneider Aventinus Maibock)은 몰트 풍미가 강하면서도, 높은 알코올 도수를 가진 라거 스타일 맥주로 굴라쉬의 진한 국물과 어울리며, 강한 향신료 맛과 균형을 이룬다. 약간의 스파이시한 맛이 있어, 굴라쉬에 들어가는 파프리카와 조화를 이룬다. 마이복은 강한 맛을 좋아하는 사람들에게 추천되는 맥주다.

오터크링거 비너 라거(Ottakringer Wiener Lager), 괴서 골드(Gosser Gold) 등 비엔나 라거는 적당한 몰트 풍미와 크리스피한 마무리가 특징이다. 굴라쉬의 깊은 감칠맛을 살리면서도 가벼운 탄산감이 입안을 깔끔하게 정리해준다. 너무 무겁지 않아 부담 없이 즐기기에 좋다. 비엔나 라거는 오스트리아 음식과 가장 잘 어울리는 맥주 중 하나이며, 전통적인 비엔나식 굴라쉬와도 좋은 궁합을 자랑한다.

  비엔나의 레스토랑에서는 굴라쉬를 신선한 빵과 함께 제공하는 것이 일반적이다. 따뜻한 국물과 부드러운 고기를 빵에 찍어 먹으면 더욱 맛있다. 감자 덤플링(Knodel)이나 크레미한 사우어크라우트와 함께 곁들이면 오스트리아 정통 스타일로 즐길 수 있다.

  좋은 맥주 한 잔과 함께라면 그 경험은 더욱 특별해진다. 깊고 부드러운 둔켈, 강한 몰트 풍미의 마이복, 깔끔한 비엔나 라거 중 어떤 것을 선택하든 굴라쉬의 풍미를 한층 더 끌어올려 줄 것이다. 뜨거운 굴라쉬 한 입, 시원한 맥주 한 모금 그리고 깊어지는 감칠맛, 이것이 바로 오스트리아에서 굴라쉬를 즐기는 최고의 방법이다.

카세크라이너(Kasekrainer)
뜨거운 치즈 폭탄 주의!

거리에서 간단히 즐길 수 있는 음식으로는 '카세크라이너(Kasekrainer)'가 있다. 일반적인 소시지와 달리 속에 치즈가 가득 들어 있어 한입 베어 물면 뜨거운 치즈가 흘러나온다. 짭짤하고 고소한 맛이 특징이며, 겨자, 양파, 바삭한 빵과 함께 먹으면 더욱 맛있다.

　카세크라이너는 오스트리아에서 유래했지만, 그 뿌리는 중앙유럽 소시지 문화와 깊이 연결되어 있다. '크라이너(Krainer)'라는 이름은 현재의 슬로베니아 지역인 '크라니스카(Krain, 현 카르니올라 지방)'에서 유래한 전통적인 훈제 소시지에서 비롯되었다. 오스트리아-헝가리 제국 시절, 크라이너 소시지는 오스트리아로 전해졌고, 이후 1970년대에 빈에서 '에멘탈 치즈(Emmental)'를 넣어 발전시킨 것이 오늘날의 카세크라이너다.

　초창기에는 오스트리아의 육가공업자들이 소시지에 변화를 주고자 치즈를 넣기 시작했는데, 이는 예상보다 큰 인기를 얻으며 빠르게 대중화되었다. 지금은 빈의 거리 곳곳에서 카세크라이너를 판매하는 '뷔르스트 스탠드(Würstelstand, 소시지 가판대)'를 쉽게 볼 수 있다.

카세크라이너(Käsekrainer)는 오스트리아에서 사랑받는 소시지지만, 그 역사 속에는 흥미로운 논란과 유머러스한 사건들이 숨겨져 있다. 단순한 치즈 소시지가 아니라, 지역 정체성 논쟁과 정치적 유머의 중심에 있었던 것이다.

카세크라이너의 뿌리는 오스트리아-헝가리 제국 시절 슬로베니아의 카르니올라(Krain, 현재의 크라니스카) 지역에서 유래한 크라이너(Krainer) 소시지에서 시작되었다. 하지만 2015년, 슬로베니아 정부가 '크라이너 소시지(Kranjska klobasa)'를 유럽연합(EU)에서 보호 지정 전통 음식으로 등록하면서 오스트리아와 슬로베니아 간에 작은 논쟁이 벌어졌다.

오스트리아 측에서는 "카세크라이너는 오스트리아식 변형이므로 별개의 음식"이라 주장했지만, 슬로베니아에서는 "크라이너 소시지에서 파생된 것이니 기원은 슬로베니아에 있다"고 반박했다. 이 논쟁은 국가 간 유쾌한 입씨름으로 이어졌고, 결국 카세크라이너는 독립적인 오스트리아 음식으로 남게 되었다.

2012년 오스트리아 대선 당시, 후보였던 '하인츠 피셔(Heinz Fischer)와 그의 경쟁자 프랭크 스트로나흐(Frank Stronach)'는 유권자들에게 친근한 이미지를 주기 위해 거리에서 카세크라이너를 먹으며 선거운동을 했다.

특히 스트로나흐가 카세크라이너를 먹는 모습이 방송되었는데, 소시지를 자르지 않고 한입에 베어 물면서 치즈가 뜨겁게 흘러나오는 바람에 당황하는 장면이 화제가 되었다. 오스트리아 국민들은 이를 두고 '카세크라이너 테스트'라 부르며, 정치인들이 국민적인 음식에 얼마나 익숙한지를 재치 있게 평가하는 기준으로 삼기도 했다.

카세크라이너는 뜨겁게 구우면 내부의 치즈가 녹아 폭발적으로 흘러나오기 때문에, 부주의하게 한입 베어 물 경우 입천장을 델 위험이 크다. 오스트리아 사람들은 이를 두고 '카세크라이너의 세례(Käsekrainer Taufe)'라고 부르며, 처음 먹는 사람들에게 조심하라고 농담을 던지기도 한다.

빈(Wien)의 소시지 가판대에서는 "치즈가 뜨거우니 조심하세요!"라는 안내 문구를 붙여놓기도 하는데, 이를 무시하고 서둘러 먹다가 뜨거운 치즈에 당황하는 관광객들도 종종 볼 수 있다.

국민 길거리 음식 카세크라이너는 오스트리아의 역사와 문화 그리고 유머 감각을 담고 있는 상징적인 음식이다. 정치인들도 거리에서 먹으며 대중에게 친근한 모습을 보이려 하고, 국가 간 원조 논쟁까지 불러일으키며 그 정체성을 놓고 논란이 벌어질 정도로 많은 관심을 받고 있다.

그러나 무엇보다 중요한 것은 그 자체로 오스트리아의 밤문화를 대표하는 소울푸드라는 점이다. 길거리에서 맥주 한 잔과 함께 즐기는 카세크라이너는 오스트리아의 맛을 제대로 느낄 수 있는 최고의 순간 중 하나일 것이다.

오스트리아의 요리는 메인 요리뿐만 아니라 디저트에서도 빛을 발한다. '카이저슈마렌(Kaiserschmarrn)'은 오스트리아 황제가 즐겨 먹었다고 전해지는 팬케이크 요리다. 푹신한 반죽을 두껍게 부친 후 잘게 찢어 설탕을 뿌려 먹는 방식으로, 자두 콤포트나 사과소스를 곁들이면 더욱 달콤한 맛을 느낄 수 있다.

카이저슈마렌(Kaiserschmarrn)

그리고 오스트리아를 대표하는 초콜릿 디저트, '자허토르테(Sachertorte)'도 빼놓을 수 없다. 비엔나의 '호텔 자허(Hotel Sacher)'에서 처음 만들어진 이 케이크는 초콜릿 스펀지 사이에 살구잼을 발라 층을 만들고, 겉을 진한 초콜릿 글레이즈로 덮어 완성된다. 한 조각만으로도 진한 초콜릿의 풍미를 제대로 느낄 수 있으며, 커피 한 잔과 함께하면 더욱 완벽한 조합을 이룬다.

오스트리아의 전통 요리는 이 나라의 역사와 문화를 담고 있으며, 오랜 세월 동안 사람들의 식탁을 풍요롭게 해온 소중한 유산이다. 한 조각의 슈니첼, 한 입의 자허토르테를 맛보는 순간, 우리는 오스트리아의 이야기를 함께 경험하게 된다.

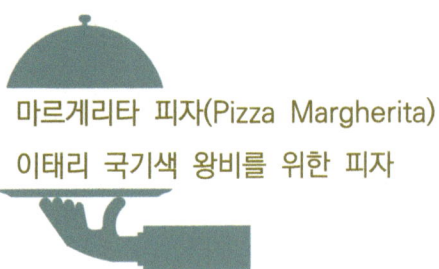

마르게리타 피자(Pizza Margherita)
이태리 국기색 왕비를 위한 피자

이탈리아 요리는 신선한 재료와 간단한 조리법을 통해 최고의 맛을 이끌어내는 것이 특징이다. 북부와 남부 지역마다 기후와 문화적 차이에 따라 요리의 스타일이 다르며, 각 지역 고유의 전통이 담긴 요리들이 세계적으로 사랑받고 있다. 이탈리아 음식은 매우 심플하며 기본에 충실하다. 그 속에는 수백 년간 이어져 온 깊은 역사와 정성이 깃들어 있다.

이탈리아를 대표하는 요리 중 하나는 파스타다. 로마에서 유래한 크림 없이 만드는 카르보나라, 진한 고기 소스가 특징인 볼로네제 그리고 사프란이 들어간 리소토 밀라네제 등 지역별로 다양한 스타일의 파스타가 존재한다. 피자 또한 이탈리아를 대표하는 음식으로 마르게리타 피자는 신선한 토마토, 모차렐라 치즈, 바질의 조합이 완벽한 균형을 이루는 정통 스타일이다.

　마르게리타 피자는 1889년 이탈리아 나폴리에서 탄생했다. 당시 이탈리아 국왕 움베르토 1세와 왕비 마르게리타가 나폴리를 방문했을 때, 나폴리의 유명한 피자 장인 '라파엘레 에스포지토(Raffaele Esposito)'가 왕비를 위해 특별한 피자를 만들었다. 그는 이탈리아 국기의 색을 반영한 피자를 구웠는데, 빨간색(토마토 소스), 하얀색(모차렐라 치즈), 초록색(바질)이 조화를 이루는 이 피자는 왕비의 이름을 따 '마르게리타 피자'라는 이름이 붙었다.

　왕비가 이 피자를 맛보고 극찬했다는 이야기가 전해지면서 마르게리타 피자는 나폴리를 대표하는 전통 요리가 되었다. 이후 이탈리아 전역을 넘어 전 세계에서 가장 사랑받는 피자로 자리 잡았다. 오늘날 마르게리타 피자는 전통적인 방식으로 만들어지는 경우 '베라 피자 나폴레타나(Verace Pizza Napoletana)'라는 인증을 받아 보호되고 있다.

　오늘날 마르게리타 피자는 가장 대중적인 먹거리며, 전통적으로 보호받는 음식이 되었다. 1984년, 이탈리아에서는 '진정한 나폴리 피자(Verace Pizza Napoletana)'를 보호하기 위해 협회를 설립했고, 마르게리타 피자를 만들 때 반드시 따라야 할 규정을 정했다.

　반죽은 밀가루, 물, 소금, 이스트만 사용해야 한다. 도우는 손으로만 반죽하며, 밀대로 밀어서는 안 된다. 화덕에서 높은 온도로 짧은 시간(60~90초) 내에 구워야 한다.

　이런 정통 방식이 유지되면서 마르게리타 피자는 오늘날까지도 이탈리아를 대표하는 피자로 남아 있다.

　세계인의 사랑을 받는 마르게리타 피자는 수많은 이야기와 논란을 품고 있다. 1889년 이탈리아의 마르게리타 왕비를 위해 한 나폴리 피자 장인이 특별한 피자를 만들었고, 왕비는 이에 감탄하며 자신의 이름을 붙였다고 하지만, 이 이야기가 사실인지에 대해서는 아직도 논란이 많다.

　이미 18세기부터 나폴리에서는 토마토, 모차렐라 치즈, 바질을 올린 피자가 일반적으로 먹히고 있었다. 실제로 1830년에 출간된 한 요리책에는 이러한 형태의 피자가 등장하기도 한다. 즉, 마르게리타 피자는 갑자기 탄생한 혁신적인 요리가 아니라, 나폴리에서 오랫동안 먹어오던 피자 중 하나였을 가능성이 크다. 그렇다면 마르게리타 왕비의 이야기는 어디에서 비롯된 것일까?

라파엘레 에스포지토라는 피자 장인이 왕비를 위해 피자를 만들었고, 이후 왕비가 직접 감사 편지를 보냈다는 이야기가 있지만, 연구자들은 이 편지의 진위 여부에 의문을 제기한다. 편지의 서명이 당시 왕실 문서의 공식 서명과 다르며, 왕비가 실제로 피자를 먹었다는 기록이 남아 있지 않기 때문이다. 일부 전문가들은 이것이 단순히 피자 가게의 홍보 전략일 가능성이 높다고 주장한다.

또한, 마르게리타 피자가 이탈리아 국기의 색을 상징하기 위해 만들어졌다는 이야기도 널리 퍼져 있다. 빨간색은 토마토, 흰색은 모차렐라 치즈, 초록색은 바질을 나타낸다는 해석이다. 하지만 이 또한 의도적인 연출이 아니라, 원래 존재하던 피자가 우연히 국기의 색과 일치한 것으로 보인다. 당시 나폴리에서 토마토와 치즈, 바질을 올린 피자는 흔한 조합이었으며, 특별히 애국심을 드러내기 위해 만들어졌다는 기록은 없다.

이러한 논란에도 불구하고, 마르게리타 피자는 전 세계에서 가장 사랑받는 피자 중 하나로 자리 잡았다. 나폴리에는 "우리가 진짜 마르게리타 피자의 원조다!"라고 주장하는 피자 가게들이 여럿 있다. 브란디 피체리아(Pizzeria Brandi)는 전설 속 왕비의 피자를 만든 곳이라고 자부하지만, 다 미켈레(Antica Pizzeria da Michele) 같은 가게는 오히려 더 전통적인 나폴리 피자의 원형을 지키고 있다고 강조한다. 이렇듯 피자 한 판을 두고도 오랜 시간 동안 원조 논쟁이 벌어지고 있는 것이다.

전통을 지키려는 움직임도 활발하다. 2017년에는 유네스코가 '나폴리 피자 만들기'를 인류 무형 문화유산으로 지정하며, 나폴리의 피자 장인들은 그들의 기술과 정통성을 보호받을 수 있게 되었다. 한편, 트러플 오일을 더하거나 비건 치즈를 사용하는 등 현대적인 변형도 계속해서 등장하고 있다. 전통과 혁신이 공존하는 가운데, 마르게리타 피자는 단순한 음식이 아니라 하나의 문화적 아이콘으로 남아 있다.

결국, 마르게리타 피자의 이야기는 사실과 전설이 얽혀 있는 흥미로운 역사 속 미스터리다. 왕비의 전설이 실제였든 아니든, 나폴리에서 시작된 이 피자는 오늘날까지도 세계인의 입맛을 사로잡고 있다. 그리고 한 조각의 피자를 베어 물 때마다 우리는 19세기 나폴리 거리에서 피자가게를 가득 채웠을 그 향기로운 냄새와 장인들의 손길을 떠올릴 수 있다.

마르게리타 피자는 신선한 토마토소스의 산미와 모차렐라 치즈의 고소함, 바질의 향긋함이 조화를 이루는 요리다. 이를 더욱 돋보이게 해줄 맥주 페어링을 추천하면 다음과 같다.

가볍고 청량한 필스너는 토마토소스의 산미와 치즈의 부드러움을 상쾌하게 감싸주며, 피자의 깔끔한 마무리를 돕는다.

독일식 라거인 헬레스는 부드럽고 약간의 몰트 단맛이 있어 마르게리타 피자의 담백한 맛과 균형을 이룬다.

가벼운 바디감과 약간의 과일 향이 있는 골든 에일은 바질의 허브 향과 조화를 이루며, 전체적인 풍미를 한층 더 살려준다.

마르게리타 피자는 맥주와의 조합이 특히 좋은 요리로 신선한 재료의 맛을 해치지 않으면서 균형을 맞춰주는 맥주를 선택하는 것이 중요하다. 이러한 페어링을 통해 더욱 풍부한 미식 경험을 즐길 수 있다.

카르보나라(Carbonara)
탄광에서 전쟁터를 거쳐 세계로

카르보나라는 이탈리아 로마를 대표하는 전통 파스타 요리로 크림 없이 달걀, 페코리노 로마노 치즈, 후추 그리고 판체타(또는 구안치아레)만으로 만드는 것이 정통 방식이다.

이탈리아 요리는 간단한 재료로도 깊은 풍미를 내는 것으로 유명하다. 그중에서도 로마의 대표적인 파스타 요리인 '카르보나라(Carbonara)'는 전 세계적으로 사랑받고 있는 요리다. 크리미한 소스와 짭짤한 돼지고기, 후추의 풍미가 조화를 이루는 이 요리는 마치 오랜 역사를 가진 듯 보이지만, 사실 그 기원과 정통 레시피에 대한 논쟁이 끊이지 않는다.

카르보나라라는 이름은 '탄광 노동자'를 뜻하는 이탈리아어 carbonaro에서 유래했다는 설이 가장 널리 퍼져 있다. 이야기에 따르면, 로마와 그 주변의 탄광 노동자들은 쉽게 구할 수 있는 계란, 치즈, 후추, 건조돼지고기를 사용해 간단히 요리할 수 있는 음식을 만들었다고 한다. 검은 후추가 마치 석탄가루처럼 보여서 '카르보나라'라는 이름이 붙었다는 설명도 덧붙여진다.

하지만 이 이야기는 다소 신빙성이 떨어진다. 19세기나 그 이전의 이탈리아 요리책을 찾아보면, 카르보나라와 비슷한 요리는 등장하지 않는다. 만약 탄광 노동자들이 먹던 요리였다면 오래전부터 기록에 남아 있어야 하지만, 카르보나라라는 이름이 처음으로 공식 문헌에 등장한 것은 1940년대 이후다.

이와 관련하여 또 다른 유력한 설은 제2차 세계대전 이후 미군의 영향을 받았다는 것이다. 1944년, 이탈리아에 주둔하던 미군 병사들은 배급받은 베이컨과 계란 가루를 활용해 파스타와 함께 조리해 먹기 시작했다. 전쟁 직후 이탈리아는 극심한 식량난에 시달렸고, 미군이 제공한 베이컨과 달걀 가루는 귀한 식재료였다. 이 재료들이 이탈리아 요리와 결합하면서 오늘날의 카르보나라가 탄생했다는 것이다.

이 설을 뒷받침하는 중요한 근거는 1950년대 이전의 이탈리아 요리책에 카르보나라에 대한 기록이 없다는 점이다. 만약 전통적인 요리였다면 19세기나 그 이전에도 존재했어야 하지만, 오히려 전쟁 이후 급격히 등장한 요리라는 점에서 미군의 영향을 받은 가능성이 높다.

카르보나라를 둘러싼 가장 뜨거운 논쟁 중 하나는 '어떤 재료가 정통인가'이다. 전통적인 레시피는 판체타(또는 구안치아레, 돼지 볼살 베이컨), 달걀 노른자, 페코리노 로마노 치즈, 후추만을 사용한다. 크림을 넣지 않으며, 올리브 오일도 거의 사용하지 않는다.

하지만 국제적으로 유명해지면서 변형된 카르보나라는 크림을 넣거나, 베이컨을 사용하고, 파르미지아노 레지아노 치즈를 더하는 경우가 많다.

이탈리아 요리사들은 크림이 들어간 카르보나라를 '가짜'라고 주장하며 강하게 반발한다. 로마의 유명 셰프들은 "진짜 카르보나라는 크림 없이도 충분히 부드럽고 크리미한 식감을 낼 수 있다"고 강조한다. 하지만 미국과 프랑스를 비롯한 여러 나라에서는 여전히 크림을 넣은 버전이 대중적이다.

현재 카르보나라는 이탈리아뿐만 아니라 전 세계에서 사랑받는 파스타 요리로 진한 치즈 풍미와 부드러운 달걀 소스 그리고 짭짤한 판체타의 조화가 특징이다.

카르보나라는 짭짤한 치즈와 판체타의 감칠맛, 크리미한 식감이 매력적인 요리다. 이를 더욱 돋보이게 해주는 맥주 페어링을 추천하면 다음과 같다.

벨지안 트리펠(Belgian Tripel)의 과일 향과 약간의 스파이시한 맛이 카르보나라의 진한 치즈 풍미와 조화를 이루며 후추의 알싸한 맛을 강조해준다. 골든 에일(Golden Ale)의 부드러운 몰트 풍미와 가벼운 바디감이 카르보나라의 크리미한 식감과 잘 어울리면서도 부담스럽지 않은 조합을 만들어낸다. 헬레스(Helles)의 깔끔한 독일식 라거인 헬레스는 치즈와 판체타의 짭짤한 맛을 부드럽게 감싸주며 전체적인 밸런스를 맞춰준다.

카르보나라는 진한 풍미를 가지고 있기 때문에 너무 강한 홉 향이나 쓴맛이 두드러지는 맥주보다는 부드럽고 균형 잡힌 맥주를 선택하는 것이 중요하다. 이러한 페어링을 통해 더욱 깊은 미식 경험을 즐길 수 있다.

카르보나라의 유래에 대해서 전통적인 이탈리아 음식과 미군의 전쟁 배급 식량 사이에서 여전히 논란이 많다. 전통과 변형을 둘러싼 논쟁이 계속되는 가운데, 오늘날 카르보나라는 세계적으로 사랑받는 대표적인 이탈리아 파스타 요리로 자리 잡았다.

어디에서 유래했든, 크림을 넣든 넣지 않든, 한 가지 확실한 점은 잘 만든 카르보나라는 누구나 한 입 베어 물면 사랑에 빠질 수밖에 없는 요리라는 것이다.

프로슈토 멜론(Prosciutto e Melone)
시대를 초월한 단짠의 고전적 조합

프로슈토와 멜론을 함께 먹는 방식은 이미 고대 로마 시대부터 존재했다. 로마인들은 음식의 균형을 맞추는 것이 중요하다고 생각했으며, '음식의 조화(harmonia in cibo)'라는 개념을 중시했다. 당시 의사이자 미식가였던 '갈레노스(Galen)'는 건강을 유지하기 위해 차갑고 습한 음식과 따뜻하고 건조한 음식을 함께 먹어야 한다고 주장했다.

멜론은 차갑고 수분이 많은 과일로 여겨졌고, 프로슈토(건조 숙성된 돼지고기 햄)는 따뜻하고 건조한 식품이었다. 따라서 로마인들은 이 두 가지를 함께 먹으면 신체의 균형을 유지하는 데 도움이 된다고 믿었다. 이는 단순한 맛의 조합을 넘어 건강을 고려한 음식 철학이었던 것이다.

중세 유럽에서는 생과일을 단독으로 먹는 것이 건강에 좋지 않다고 여겨졌다. 특히, 멜론 같은 수분이 많은 과일은 몸을 차갑게 만들어 건강에 해롭다고 믿었다. 따라서 멜론을 안전하게 먹기 위해서는 소금이나 고기 같은 '따뜻한' 성질의 음식과 함께 섭취해야 한다는 개념이 퍼졌다.

이러한 이유로 이탈리아와 프랑스의 귀족들은 멜론을 프로슈토와 함께 제공하기 시작했다. 부유한 가문에서는 여름철 연회에서 고급 햄과 신선한 멜론을 곁들인 요리를 즐겼고, 이는 곧 상류층의 세련된 입맛을 상징하는 메뉴가 되었다.

르네상스 시대가 되면서 음식 문화도 크게 발전했다. 당시 미식가로 유명했던 이탈리아의 '카트린 드 메디치(Catherine de' Medici)'는 이탈리아 요리를 프랑스에 전파하면서 프로슈토 멜론도 프랑스 궁정에서 사랑받기 시작했다. 이후 유럽 전역으로 퍼지면서 프로슈토 멜론은 단순한 건강식 개념을 넘어 미식의 영역으로 자리 잡았다.

특히 이탈리아에서는 지역별로 다양한 '프로슈토(Parma, San Daniele 등)'가 생산되면서 멜론과 함께 제공하는 방식도 각 지역의 특색을 반영하게 되었다.

오늘날 프로슈토 멜론은 단순한 재료만으로도 최고의 맛을 낼 수 있는 요리로 평가받는다. 멜론의 자연스러운 단맛과 프로슈토의 짠맛이 조화를 이루며 서로의 풍미를 극대화한다. 차갑고 촉촉한 멜론과 쫄깃하고 부드러운 프로슈토가 대조적인 식감을 만들어낸다. 특별한 조리 과정 없이도 세련된 느낌을 주는 요리로 전채 요리나 가벼운 안주로 적합하다.

프로슈토의 짭짤한 감칠맛과 멜론의 달콤한 맛을 더욱 극대화할 수 있는 맥주를 선택하면 더욱 완벽한 조합을 즐길 수 있다.

오렌지 껍질과 코리앤더 향이 있는 벨지안 화이트(Belgian Witbier)는 멜론의 달콤함과 조화를 이루며, 프로슈토의 짠맛을 부드럽게 감싸준다. 골든 에일(Golden Ale)은 약간의 과일 향과 부드러운 바디감이 있어 멜론과 프로슈토의 조합을 돋보이게 하며, 상쾌한 마무리를 선사한다. 세종(Saison)의 가벼운 스파이시함과 청량감이 프로슈토의 짠맛과 멜론의 단맛을 한층 더 풍부하게 만들어준다.

이처럼 가볍고 상쾌한 스타일의 맥주는 프로슈토와 멜론의 대조적인 맛을 더욱 강조하며 균형 잡힌 미식 경험을 제공한다. 특히 여름철에는 가볍고 청량한 맥주와 함께 프로슈토 멜론을 즐기면 더없이 완벽한 조합이 된다.

고대 로마에서부터 현대 미식가들의 식탁까지, 프로슈토 멜론은 오랜 역사를 거치며 변함없이 사랑받아왔다. 단순한 재료로 최고의 맛을 만들어내는 이 요리는 이탈리아 요리의 진정한 매력을 보여주는 대표적인 예라 할 수 있다.

한입 베어 물면 퍼지는 멜론의 달콤한 과즙과 프로슈토의 깊은 감칠맛. 이 조합이 수천 년 동안 이어져 온 것은 단순한 우연이 아니다. 그 속에는 맛과 균형, 미식의 역사가 함께 녹아 있다.

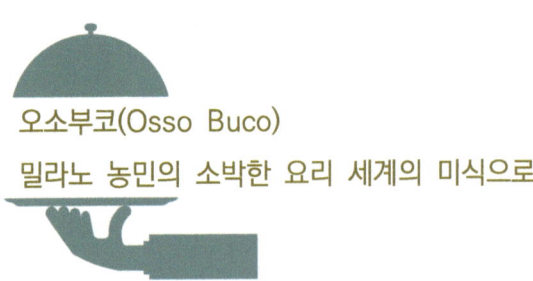

오소부코(Osso Buco)
밀라노 농민의 소박한 요리 세계의 미식으로

 이탈리아 요리를 이야기할 때 빼놓을 수 없는 요리 중 하나가 바로 '오소부코(Osso Buco)'이다. 부드럽게 익힌 송아지 정강이살과 진한 소스 그리고 그 속을 가득 채운 골수의 깊은 풍미가 특징인 요리로 오랜 역사를 통해 전통을 이어오고 있다.
 밀라노의 농민들이 즐기던 소박한 음식에서 시작되어 오늘날 미식가들의 사랑을 받는 고급 요리로 자리 잡기까지, 오소부코에는 흥미로운 역사와 비하인드 스토리가 숨겨져 있다.

'오소부코(Osso Buco)'라는 이름은 이탈리아어로 '뼈에 구멍이 난 요리'라는 뜻이다. 이는 요리의 핵심 재료인 송아지 정강이뼈가 중심에 놓이고, 그 속을 가득 채운 '골수(Bone Marrow)'가 중요한 역할을 하기 때문이다.

오소부코의 기원은 19세기 밀라노로 거슬러 올라간다. 당시 밀라노는 북부 이탈리아의 경제 중심지로 성장하고 있었고, 노동자 계층은 값비싼 고기 부위 대신 저렴한 부위를 활용한 요리를 만들어 먹었다. 송아지 정강이는 상대적으로 저렴했지만, 오랜 시간 동안 천천히 익히면 부드럽고 깊은 맛을 내는 재료였기 때문에 농민들과 노동자들에게 인기가 많았다.

밀라노의 전통적인 방식으로 조리된 오소부코는 화이트 와인, 야채(양파, 당근, 샐러리) 그리고 송아지 육수를 이용해 천천히 끓여내며, 그 과정에서 고기가 부드럽게 풀어지고 골수는 진한 감칠맛을 낸다.

오소부코에는 크게 두 가지 스타일이 있다. 전통 밀라노 스타일(Osso Buco alla Milanese)은 화이트 와인과 육수를 베이스로 한 심플한 방법으로 조리한다. 요리의 마지막 단계에서 '그레몰라타(Gremolata, 다진 파슬리, 레몬 껍질, 마늘을 섞은 향신료)'를 뿌려 신선한 풍미를 더한다. 전통적으로 사프란이 들어간 '리소토(리소토 알라 밀라네제, Risotto alla Milanese)'와 함께 제공된다.

남부 스타일(Osso Buco alla Napoletana)은 토마토 소스를 추가하여 풍미를 더한 변형 버전이다. 남부 이탈리아의 영향을 받아 토마토와 허브를 활용한 좀 더 진한 소스가 특징이다. 밀라노 스타일이 보다 가벼운 풍미를 자랑하는 반면, 토마토가 들어간 버전은 보다 대중적이고 강한 맛을 선호하는 이들에게 인기 있다.

오소부코는 처음에는 서민적인 요리로 시작되었지만, 시간이 지나면서 점차 귀족과 상류층의 식탁에서도 인기를 끌게 되었다.

특히 19세기 후반, 이탈리아가 통일되면서 이탈리아 요리의 정체성이 확립되었고, 각 지역의 전통 음식들이 널리 퍼지기 시작했다. 밀라노 출신의 요리사들이 이 요리를 고급 레스토랑에 소개하면서 오소부코는 점차 부유층이 즐기는 고급 요리로 자리 잡았다.

이 과정에서 조리법도 더욱 정교해졌고, 오소부코를 서빙하는 방식도 달라졌다. 원래는 농민들이 큰 냄비에서 한꺼번에 끓여내 모두 함께 나눠 먹던 요리였지만, 이후 개별 접시에 정성스럽게 담아내는 방식으로 변화했다.

오소부코는 깊고 진한 풍미를 자랑하는 요리이기 때문에 맥주를 선택할 때도 조화로운 균형을 맞추는 것이 중요하다.

도펠복(Doppelbock)은 독일식 강한 라거 맥주로 카라멜, 몰트, 다크 초콜릿 향이 풍부하다. 오소부코의 깊은 맛과 조화를 이루며 골수의 크리미한 질감을 보완해준다. 벨기에 두벨(Dubbel)은 약간의 단맛과 스파이시한 풍미가 있어 오소부코의 향신료와 잘 어울린다. 특히 토마토 기반의 오소부코와 궁합이 좋다. 바이젠복(Weizenbock) 밀맥주의 과일향과 바나나, 정향 향이 더해져 오소부코의 풍미를 한층 돋운다.

오소부코는 오랜 시간을 들여 천천히 익힌 슬로우 푸드의 깊은 맛과 역사적인 전통이 담긴 요리다. 고대 밀라노의 농민들로부터 시작된 이 요리는 시대를 거치며 점차 귀족들의 식탁으로 올라섰고, 오늘날에는 전 세계 미식가들이 즐기는 대표적인 이탈리아 요리가 되었다.

그 부드러운 송아지 정강이살과 진한 소스 그리고 골수의 농후한 맛을 한입 맛보는 순간, 오소부코가 왜 이토록 오랜 시간 동안 사랑받아왔는지 깨닫게 된다. 그리고 한 잔의 맥주와 함께라면 그 감동은 더욱 깊어진다.

오소부코는 와인과도 훌륭한 페어링을 이루지만, 적절한 맥주를 선택하면 새로운 풍미를 발견할 수 있다. 특히 몰트 중심의 맥주는 이 요리의 깊은 맛을 더욱 강조하며, 부드러운 질감을 살려준다.

디저트 역시 이탈리아 요리에서 중요한 부분을 차지한다. 커피에 적신 레이디핑거와 마스카포네 크림이 어우러진 티라미수, 부드럽고 달콤한 크림 디저트 판나 코타는 세계적으로도 유명하다.

이탈리아는 전통적으로 와인의 나라로 알려져 있지만, 맥주 문화도 활발히 발전해 왔다. 지역에 따라 다양한 스타일의 맥주가 존재하며 요리에 맞춰 적절한 페어링이 가능하다.

이탈리아 요리는 단순함 속에서도 재료 본연의 맛을 강조하며 오랜 전통과 역사를 품고 있다. 신선한 제철 재료를 활용한 조리법은 이탈리아 미식 문화의 핵심이며 이탈리아를 방문하는 사람들은 이러한 요리를 통해 그들의 문화와 삶의 방식을 직접 경험할 수 있다.

CZECH REPUBLIC

체 코

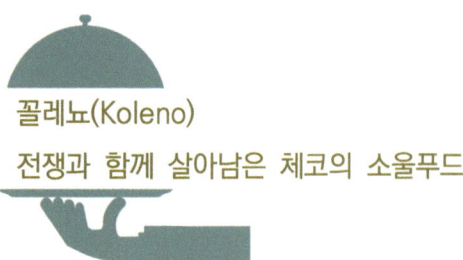

꼴레뇨(Koleno)
전쟁과 함께 살아남은 체코의 소울푸드

체코는 세계적으로 유명한 맥주의 나라지만, 그만큼 깊은 역사와 개성을 가진 전통 요리도 자랑한다. 체코 요리는 일반적으로 고기, 감자, 양배추, 밀가루 기반의 음식이 많으며, 오랜 시간 동안 중앙 유럽의 영향을 받아 발전해 왔다. 특히, 체코 요리는 맥주와 함께 즐길 때 최고의 맛을 발휘하는 것이 특징이다.

체코 요리에서 빠질 수 없는 대표적인 고기 요리 중 하나가 바로 꼴레뇨(Koleno), 즉 체코식 족발이다. 푸짐한 크기와 부드러운 육질, 바삭한 껍질이 특징인 이 요리는 체코 맥주와 환상의 궁합을 자랑한다. 꼴레뇨는 체코에서 오랫동안 사랑받아온 전통 요리로 돼지의 무릎 부위(족발)를 오랜 시간 동안 조리하여 만드는 요리다.

꼴레뇨(Koleno)는 체코의 대표적인 족발 요리지만, 사실 그 기원은 다른 나라에서 시작되었다. 체코는 오랫동안 다양한 외세의 영향을 받아왔고, 그중에서도 독일과 오스트리아의 음식 문화가 체코 요리에 큰 영향을 미쳤다. 꼴레뇨 역시 독일의 '슈바이네학세(Schweinshaxe)', 오스트리아의 '슈텔체(Stelze)'와 닮아 있는데, 체코식으로 변형되면서 독자적인 맛과 스타일을 갖게 되었다. 하지만 이 요리가 체코에서 유명해진 데에는 맥주 문화와 관련된 비하인드 스토리가 있다.

체코는 세계에서 1인당 맥주 소비량이 가장 높은 나라다. 자연스럽게 맥주와 잘 어울리는 안주도 발전해 왔는데, 꼴레뇨가 바로 그 대표적인 예다. 원래 체코에서는 돼지를 잡으면 모든 부위를 알뜰히 활용하는 전통이 있었다. 족발 역시 버려지는 부위가 아닌, 삶아서 국물 요리에 쓰이거나 훈제하여 보관하는 방식으로 소비되었다.

그러던 중 19세기 중반, 체코 맥주 문화가 본격적으로 발전하면서 맥주에 어울리는 안주로 족발이 주목받기 시작했다. 당시 프라하와 플젠 지역에서는 맥주 양조장이 늘어나면서 이를 찾는 노동자들이 배부르게 먹을 수 있는 음식을 찾고 있었다. 족발을 그냥 삶아 먹기보다는 맥주와 함께 숙성시키고, 바삭하게 구워내는 방식이 개발되면서 현대적인 꼴레뇨 스타일이 자리 잡게 되었다. 맥주의 쓴맛과 탄산이 기름진 족발과 잘 어울리며 자연스럽게 맥주집의 대표적인 요리로 자리 잡은 것이다.

꼴레뇨는 서민 음식으로 시작되었지만, 시간이 지나면서 귀족과 왕실에서도 즐기는 요리로 자리 잡았다. 19세기 후반, 체코가 오스트리아-헝가리 제국의 일부였을 때, 프라하의 고급 식당에서는 돼지고기 요리를 더욱 세련된 형태로 제공하기 시작했다. 꼴레뇨 역시 이 과정에서 그냥 삶아 먹는 방식에서 벗어나, 양념을 더하고 오븐에서 구워내는 방식으로 발전했다.

특히 체코의 유명한 필스너 맥주 브랜드인 '필스너 우르켈(Pilsner Urquell)'이 등장한 이후, 이 맥주와 함께 먹는 꼴레뇨가 큰 인기를 끌었다. 당시 프라하의 레스토랑에서는 왕족과 귀족들이 필스너 맥주와 함께 꼴레뇨를 즐겼다는 기록도 남아 있다.

20세기 초, 두 차례의 세계대전과 체코슬로바키아의 공산주의 시절을 거치면서도 꼴레뇨는 살아남았다. 2차 세계대전 당시, 식량이 부족해지자 체코인들은 저렴하고 구하기 쉬운 돼지고기 부위를 활용해 다양한 요리를 만들어야 했다. 족발 역시 이러한 배경 속에서 더욱 사랑받게 되었고, 맥주집에서도 쉽게 구할 수 있는 메뉴로 자리 잡았다.

공산주의 시절(1948~1989년)에는 외국 음식이 제한되면서, 체코 전통 요리가 더욱 강조되었다. 이때 꼴레뇨는 체코를 대표하는 음식으로 더욱 확고한 자리를 잡았고, 프라하의 유명한 맥주 펍에서는 '전통 체코식 족발'이라는 이름으로 관광객들에게 소개되기 시작했다.

꼴레뇨를 먹을 때는 손으로 뜯어먹는 것이 일반적인데, 이는 체코의 식사 문화에서 비롯된 것이다. 체코에서는 "음식은 자연스럽게 먹어야 맛있다"는 생각이 강하다. 그래서 레스토랑에서도 꼴레뇨를 주문하면 칼과 포크를 주긴 하지만, 많은 현지인은 손으로 뜯어먹으며 맥주를 함께 마신다.

프라하의 일부 전통적인 레스토랑에서는 꼴레뇨를 먹은 후, 맥주잔을 들어 올려 바닥에 살짝 부딪히는 작은 의식이 있다. 이는 "든든하게 먹었으니, 맥주 한 잔 더 하자"는 의미로 친구들끼리 유쾌하게 분위기를 띄우는 방식이다.

꼴레뇨를 만드는 과정은 상당히 공을 들여야 한다. 돼지 족발을 몇 시간에서 하루 정도 맥주 또는 허브가 들어간 소금물에 절여 잡내를 제거하고 풍미를 더한다. 절인 돼지 족발을 저온에서 오랜 시간 동안 삶아 부드럽게 익힌다. 체코에서는 여기에 마늘, 월계수 잎, 후추, 캐러웨이 씨 같은 향신료를 첨가한다. 오랜 시간 부드럽게 삶은 후 오븐에서 바삭하게 구워, 고기는 부드럽고 껍질은 바삭한 식감을 유지하도록 한다. 꼴레뇨는 주로 체코식 겨자, 홀스래디시(고추냉이와 비슷한 소스), 절인 양배추, 체코 전통 빵(크네들리키)과 함께 제공된다. 이러한 조리법 덕분에 꼴레뇨는 바삭한 껍질과 부드러운 속살이 완벽한 조화를 이루는 요리로 탄생한다.

꼴레뇨는 체코 맥주와 환상적인 조화를 이루며 특히 다음과 같은 맥주 스타일과 잘 어울린다. 체코식 필스너의 원조 '필스너 우르켈(Pilsner Urquell)'은 홉의 쌉싸름한 맛과 깔끔한 끝맛이 꼴레뇨의 기름진 맛을 잡아준다. 묵직한 몰트 풍미가 있는 코젤 다크 라거는 족발의 풍부한 고기 맛과 균형을 맞춰준다. 염소를 뜻하는 '코젤(Kozel)'이라는 이름을 가지고 있으며, 라벨에도 염소 그림이 있다. 부드럽고 고소한 맛으로 유명하며, 맥주를 처음 마시는 사람들도 부담 없이 즐길 수 있다.

가벼운 카라멜 풍미와 적당한 쓴맛이 있는 비엔나 라거는 꼴레뇨의 바삭한 껍질과 잘 어우러진다.

꼴레뇨는 체코 현지인뿐만 아니라 관광객들에게도 인기가 많으며, 체코의 전통적인 펍이나 레스토랑에서 쉽게 찾아볼 수 있다. 프라하를 비롯한 주요 도시에서는 '하프 꼴레뇨'(족발 반 마리)와 '풀 꼴레뇨(족발 한 마리)를 선택할 수 있으며, 대부분의 체코 펍에서는 이 요리를 주문하면 대형 나무 도마에 올려 서빙해 준다.

특히 프라하의 유명한 전통 레스토랑 U Flek 또는 Lokal 같은 곳에서는 꼴레뇨와 필스너를 함께 즐기며 체코 맥주 문화의 진수를 경험할 수 있다.

꼴레뇨는 체코의 전통과 맥주 문화를 대표하는 음식이다. 오랜 시간 동안 전통적인 조리법을 유지하면서도 현대적인 감각으로 다양한 레스토랑과 펍에서 사랑받고 있다.

체코를 방문한다면, 바삭한 껍질과 부드러운 속살이 조화를 이루는 꼴레뇨를 맛보며 체코 맥주 한 잔을 곁들이는 경험을 꼭 해보길 추천한다.

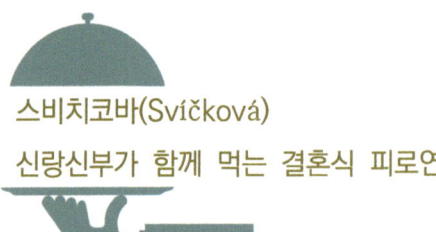

스비치코바(Svíčková)
신랑신부가 함께 먹는 결혼식 피로연 요리

체코를 대표하는 요리 중 하나인 '스비치코바(Svíčková)'는 부드러운 쇠고기 안심을 크리미한 당근과 야채 소스와 함께 제공하는 전통적인 요리다. 체코 가정식의 상징이자 특별한 날이나 명절에 즐겨 먹는 음식으로, 주로 체코식 빵인 '크네들리키(Knedliky)'와 곁들여 먹는다.

　스비치코바는 체코 전통 음식 중에서도 가장 유명한 요리 중 하나이며, 그 기원은 18~19세기 오스트리아-헝가리 제국 시절로 거슬러 올라간다. '스비치코바(Svíčková)'라는 이름은 체코어로 '초(candle)'를 의미하는 단어 Svíčka에서 유래했다. 이는 이 요리에 사용되는 소고기 안심(쇠고기 허리 부위, Tenderloin)의 모양이 가늘고 길어 촛불을 닮았기 때문이라는 설이 있다.

　과거 체코에서는 주로 사냥한 고기를 이용해 요리를 만들었고, 고기의 질감을 부드럽게 하기 위해 오랜 시간 조리하는 전통이 있었다. 이러한 조리법이 발전하면서 당근, 양파, 샐러리 등으로 만든 진한 소스를 곁들인 스비치코바가 탄생하게 되었다.

19세기 말부터 체코 전역에서 널리 퍼졌으며, 특히 명절이나 결혼식 같은 중요한 행사에서 빠지지 않는 요리로 자리 잡았다.

스비치코바는 오랜 시간 숙성하고 천천히 익히는 방식이 특징인 요리다. 전통적인 조리법은 다음과 같다.

쇠고기 안심을 마늘, 월계수 잎, 후추, 식초 등으로 양념하여 숙성시킨다. 야채소스는 당근, 양파, 샐러리, 파슬리를 함께 조리해 깊은 풍미를 낸다. 숙성된 고기를 야채와 함께 오븐에서 천천히 익혀 부드럽게 만든다. 조리된 야채를 체에 걸러 크림을 넣고 부드러운 소스로 만든다. 잘 익은 쇠고기를 슬라이스하여 크림소스를 듬뿍 끼얹고, 크네들리키와 함께 제공한다.

스비치코바는 고기의 부드러움과 달콤하면서도 크리미한 소스가 조화를 이루는 요리로, 체코 사람들에게 매우 친숙한 맛을 가지고 있다.

스비치코바는 깊은 풍미와 크리미한 질감을 가지고 있어, 이를 보완할 수 있는 적당한 바디감과 밸런스를 갖춘 맥주와 잘 어울린다. 체코 대표 맥주인 필스너는 깔끔한 홉의 쓴맛과 가벼운 바디감으로 스비치코바의 크림소스를 돋보이게 한다. 비엔나 라거 스타일의 적당한 몰트 풍미와 가벼운 캐러멜 노트가 스비치코바의 달콤한 소스와 조화를 이룬다. 앰버 라거(Amber Lager) 맥아의 고소한 맛이 소스의 크리미함과 균형을 맞춰준다.

체코에서는 스비치코바를 먹을 때 반드시 맥주 한 잔을 곁들이는 것이 일반적이다. 이 요리가 주로 체코 펍에서 제공되는 이유도 여기에 있다.

스비치코바는 쇠고기 요리를 넘어 체코인의 삶과 밀접하게 연결된 전통 요리다. 가족이 모이는 명절이나 특별한 날에는 스비치코바를 직접 만들어 먹는 문화가 있다. 결혼식 피로연에서 신랑 신부가 함께 스비치코바를 먹는 전통이 있는데, 이는 결혼 생활에서도 협력과 인내가 필요하다는 의미를 담고 있다. 체코의 대표적인 슬로우 푸드로 여겨지며, 시간과 정성이 깃든 요리로 인식된다.

오늘날에도 스비치코바는 체코 레스토랑과 가정에서 가장 사랑받는 요리 중 하나이며, 체코를 방문하는 관광객들에게도 필수적으로 맛봐야 할 음식으로 꼽힌다.

스비치코바는 체코 요리의 역사와 문화를 대표하는 요리로 풍부한 맛과 깊은 전통이 깃든 음식이다. 부드럽게 익힌 쇠고기, 달콤하면서도 크리미한 소스 그리고 체코 전통 맥주가 어우러지는 이 요리는 체코인의 미식 문화를 가장 잘 보여주는 요리 중 하나다.

체코를 방문할 기회가 있다면 프라하의 유명한 전통 레스토랑에서 스비치코바와 체코 맥주를 함께 즐기며 그 깊은 맛을 경험해보길 추천한다.

베프르로 크네들로 젤로(Vepřo Knedlo Zelo)
체코의 돼지고기 삼합

체코의 국민 요리라고 불리는 '베프르로 크네들로 젤로(Vepřo Knedlo Zelo)'는 돼지고기 로스트(베프르로, Vepřo), 체코식 빵 덤플링(크네들로, Knedlo), 양배추절임(젤로, Zelo)으로 구성된 대표적인 체코 요리다. 이 요리는 단순한 재료로 만들어지지만, 풍부한 맛과 든든한 한 끼를 제공하여 체코인들에게 가장 사랑받는 음식 중 하나다.

베프르로 크네들로 젤로의 역사는 체코의 전통적인 농경 문화와 밀접하게 연결되어 있다.

체코는 예로부터 중부 유럽의 돼지고기 요리가 발달한 지역으로 특히 돼지고기 로스트는 귀족부터 농민까지 모두 즐겨 먹던 음식이었다. 19세기 체코의 가정에서는 특별한 날이면 오븐에서 천천히 구운 돼지고기를 준비했고, 이를 더 맛있게 먹기 위해 빵 덤플링과 발효 양배추를 곁들이는 방식이 발전했다.

'베프르로(Vepřo)'는 체코어로 돼지고기를 의미한다. '크네들로(Knedlo)'는 체코의 대표적인 반죽 요리인 빵 덤플링(크네들리키, Knedliky)에서 유래한 이름이다. '젤로(Zelo)'는 양배추절임을 의미하며, 독일의 '자우어크라우트(Sauerkraut)'와 비슷한 발효 음식이다.

이 요리는 체코뿐만 아니라 오스트리아, 독일, 헝가리 등의 중앙 유럽 국가들과도 유사한 형태를 공유하지만, 체코 특유의 덤플링(크네들리키)을 사용하는 점이 특징이다.

오늘날 체코 전역의 가정식 식당에서는 일요일 점심 메뉴의 대표 음식으로 자리 잡았으며, 현지 맥주와 곁들여 즐기는 것이 일반적이다.

베프르로 크네들로 젤로는 세 가지 요소로 구성된다.

돼지고기 로스트는 마늘, 소금, 후추, 캐러웨이 씨(caraway seeds)로 간을 한 후 오븐에서 천천히 구워진다. 고기는 바삭한 껍질과 촉촉한 속살이 살아 있어야 한다. 체코식 빵은 밀가루, 우유, 계란, 이스트를 이용해 반죽한 후 삶아 만드는 독특한 체코식 덤플링이다. 빵처럼 부드럽지만 탄력 있는 식감을 가지고 있어, 돼지고기의 육즙과 소스를 흡수하는 역할을 한다.

양배추절임은 신맛이 나는 양배추절임(자우어크라우트와 유사한 형태)이나 달콤한 맛을 가미한 양배추 요리가 사용된다. 돼지고기의 기름진 맛을 잡아주며, 전체적인 균형을 맞춰준다.

이 세 가지가 조화를 이루며 고기의 풍부한 맛, 덤플링의 포만감, 양배추의 새콤달콤함이 완벽한 균형을 이루는 요리가 된다.

이 요리는 체코 맥주와 함께할 때 더욱 훌륭한 맛을 발휘한다. 체코 대표 맥주인 필스너 우르켈(Pilsner Urquell)과 페어링하면 돼지고기의 고소함과 양배추의 새콤함이 더욱 잘 어우러진다.

스타로프라멘(Staropramen), 부드바이저 부드바르(Budweiser Budvar)와 함께하면 가벼운 바디감과 몰트의 단맛이 돼지고기의 깊은 풍미를 부드럽게 감싸준다. 짙은 몰트 풍미를 가진 체코 다크 라거는 돼지고기의 구운 풍미와 뛰어난 조화를 이루며 크네들리키의 포만감을 더욱 살려준다. 체코에서는 이 요리를 먹을 때 반드시 맥주 한 잔을 곁들이는 것이 전통으로 여겨진다.

베프르로 크네들로 젤로는 체코인의 삶과 문화를 상징하는 음식이다. 가족이 함께하는 일요일 점심, 체코 가정에서는 일요일이면 가족들이 모여 이 요리를 함께 나누며 시간을 보낸다.

베프르로 크네들로 젤로는 체코의 전통적인 맛, 가정적인 분위기 그리고 유럽식 돼지고기 요리의 정수를 보여주는 대표적인 요리로 자리 잡고 있다. 베프르로 크네들로 젤로는 단순하면서도 균형 잡힌 맛을 자랑하는 체코의 대표 요리다. 돼지고기의 고소함, 덤플링의 부드러움, 양배추의 새콤달콤한 맛. 이 세 가지가 완벽하게 조화를 이루며, 체코 전통 맥주와 함께할 때 최고의 미식 경험을 제공한다.

트르들로 (Trdelnik)
프라하 길거리 굴뚝빵의 달콤한 유혹

프라하의 거리에서 달콤한 향이 퍼질 때, 가장 먼저 떠오르는 간식이 있다. 바로 '트르들로(Trdelnik)'다. 이 디저트는 겉은 바삭하고 속은 부드러우며, 달콤한 설탕과 계핏가루가 듬뿍 묻어 있는 것이 특징이다. 유럽을 여행하는 많은 관광객들이 체코를 대표하는 길거리 음식으로 알고 있지만, 이 간식의 기원은 생각보다 복잡하고 흥미로운 이야기를 품고 있다.

트르들로는 오늘날 체코에서 가장 널리 알려진 디저트 중 하나지만, 그 기원은 체코가 아닌 슬로바키아와 헝가리로 거슬러 올라간다.

18세기, 헝가리와 루마니아 트란실바니아 지역에서 유래한 굴뚝 모양의 빵이 트르들로의 시초였다. 이 디저트는 헝가리어로 '쿠르트쉬칼라치(Kürtőskalács)'라고 불리며, 전통적으로 숯불에 구워졌다. 체코와 국경을 맞댄 슬로바키아의 스칼리차(Skalica) 지역에서 발전하면서 '트르들로(Trdelnik)'라는 이름이 붙었다.

체코에서 트르들로가 유명해진 것은 비교적 최근의 일이다. 2000년대 초반부터 프라하와 체스키 크룸로프 같은 관광지에서 본격적으로 판매되기 시작하면서 체코 전통 간식처럼 자리 잡게 되었다.

이름 '트르들로(Trdelnik)'는 이 간식을 만들 때 사용하는 나무 롤러 '트르들로(Trdlo)'에서 유래했다. 반죽을 이 롤러에 감아 돌린 후, 숯불이나 오븐에서 천천히 구우면서 설탕과 견과류를 입히는 방식으로 만든다. 굽는 과정에서 바삭한 겉면과 촉촉한 속살이 생겨 독특한 식감을 갖게 된다. 트르들로는 유럽 중부 지역의 전통 빵 문화가 결합된 독특한 간식이라 할 수 있다.

전통적으로 트르들로는 계피, 설탕, 견과류(특히 호두)를 묻혀 먹는 간식이었다. 하지만 최근에는 관광객들의 입맛에 맞춰 다양한 변형이 등장했다. 초콜릿, 바닐라 크림, 누텔라, 아이스크림을 채운 트르들로, 딸기, 바나나 같은 과일을 곁들인 트르들로, 체코 전통 리큐어(베헤로프카) 향이 가미된 트르들로 등 다양한 제품이 인기를 끌고 있다. 특히 아이스크림을 채운 트르들로는 인스타그램과 SNS에서 인기를 끌며 체코를 대표하는 길거리 음식으로 자리 잡았다.

우리는 보통 디저트는 커피와 함께 즐기는 경우가 많지만, 체코를 비롯하여 유럽, 미주 대부분 나라에서는 맥주와 디저트를 함께 즐기는 것이 아주 보편화된 음식문화다.

트르들로의 달콤함과 고소한 견과류 향이 코젤 다크(Kozel Dark), 부드바르 다크(Budweiser Budvar Dark) 등 체코식 다크 라거의 깊은 몰트 풍미와 완벽하게 어울린다. 초콜릿이나 아이스크림이 들어간 트르들로에는 체코의 바르톨로뮤 스타우트 같은 크리미한 스타우트 맥주가 좋은 조합이 될 수 있다. 계피와 설탕이 묻은 전통적인 트르들로는 오렌지 껍질과 코리앤더 향이 감도는 벨지안 화이트(Belgian Witbier)나 바이에른식 바이젠(Bavarian Weizen)밀맥주와 좋은 궁합을 이룬다.

비록 체코 전통 음식으로 시작된 것은 아니지만, 트르들로는 이제 체코를 대표하는 디저트로 자리 잡았다. 프라하를 방문하는 여행자들에게 "꼭 먹어봐야 할 길거리 음식"으로 인식되고 있다.

향긋한 계피 향과 바삭한 식감이 누구나 쉽게 좋아할 만한 맛이다. 체코의 맥주 문화와 결합하면서 더욱 특별한 음식 경험을 제공한다. 트르들로는 단순한 디저트가 아니다. 그것은 역사와 문화가 결합된 유럽 중부 지역의 미식 유산이며, 오늘날에는 체코의 거리에서 가장 인기 있는 간식으로 자리 잡았다.

또 하나의 체코 대표적인 맥주 안주이자 길거리 음식인 '스마제니 시르(Smažený Sýr)'는 에멘탈 또는 에담 치즈를 두껍게 썰어 빵가루를 묻혀 튀긴 요리다. 바삭한 튀김옷과 녹아내리는 치즈가 조화를 이루며, 주로 타르타르 소스와 감자튀김을 곁들여 먹는다.

체코의 전통 요리는 맥주와 함께할 때 더욱 빛을 발한다. 필스너 우르켈(Pilsner Urquell)과 같은 체코의 대표적인 라거부터 진한 몰트 향이 풍부한 둔켈까지, 다양한 맥주 스타일이 각 요리의 풍미를 극대화시킨다. 체코에 방문한다면, 현지 음식과 함께 체코 맥주를 페어링하여 최고의 미식 경험을 즐겨보는 것이 좋다.

UNITED KINGDOM

영 국

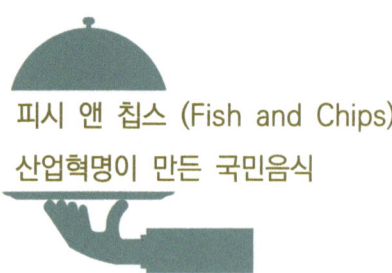

피시 앤 칩스 (Fish and Chips)
산업혁명이 만든 국민음식

피시 앤 칩스는 영국을 대표하는 국민음식으로, 바삭하게 튀긴 생선과 두툼한 감자튀김을 함께 제공하는 간단하면서도 맛있는 요리이다. 길거리 음식으로도 유명하지만, 제대로 된 피시 앤 칩스 전문점에서 맛보는 것이 영국 전통의 정수를 느낄 수 있는 방법이다.

피시 앤 칩스의 기원은 19세기 중반으로 거슬러 올라간다. 본래 튀긴 생선과 감자튀김은 별개의 요리로 존재했는데, 영국에서 이 두 가지가 결합되며 오늘날 우리가 아는 피시 앤 칩스가 탄생했다.

16세기 스페인과 포르투갈의 유대인들이 종교적 이유로 올리브 오일에 생선을 튀겨 먹는 전통을 가지고 있었으며, 이들이 영국으로 이주하면서 튀긴 생선 문화가 전해졌다. 특히, 런던과 영국 북부 지역에서 대구(Cod)와 해덕(Haddock)을 밀가루 반죽에 묻혀 기름에 튀기는 방식이 정착되었다.

감자는 18세기 후반 유럽에 널리 퍼졌고, 영국에서도 가난한 노동자들이 저렴한 식재료로 활용했다. 감자를 길게 썰어 기름에 튀겨 먹는 방식은 벨기에나 프랑스에서 유래했다는 설이 있지만, 영국에서도 독자적으로 발전하여 국민 음식이 되었다.

이 두 음식이 합쳐진 것은 19세기 중반으로, 잉글랜드 북부의 랭커셔(Lancashire)와 런던에서 처음 시작되었다. 1860년대에 조셉 말린(Joseph Malin)이라는 유대계 이민자가 런던에서 최초의 피시 앤 칩스 가게를 열었다는 기록이 있으며, 동시에 북부 지방에서도 유사한 형태의 가게가 등장했다. 이후 산업혁명과 함께 도시 노동자들에게 빠르고 든든한 식사로 인기를 끌었다.

피시 앤 칩스가 대중화된 것은 19세기 산업혁명 덕분이다. 산업혁명으로 증기선과 철도가 발전하면서, 북해(노르웨이, 스코틀랜드)에서 잡은 '대구(Cod)'와 '해덕(Haddock)'을 대량으로 운송할 수 있게 되었다. 싼 가격에 많은 사람들이 생선을 먹을 수 있게 되면서, 생선 튀김이 대중적인 음식이 되었다.

산업혁명 시기, 장시간 노동을 하는 영국 노동자들은 빠르고 든든하게 한 끼를 해결할 음식이 필요했다. 피시 앤 칩스는 값싸고 배부른 한 끼로 완벽한 선택지였다. 그렇게 19세기 후반에는 영국 전역에서 피시 앤 칩스 가게(Chippy)가 폭발적으로 늘어나게 되었다.

20세기에 들어서면서 피시 앤 칩스는 영국 전역으로 퍼져 국민적인 음식으로 자리 잡았다. 1차 및 2차 세계대전 동안에도 영국 정부는 피시 앤 칩스를 전쟁 배급 식량에서 제외할 정도로 대중적인 중요성을 인정했다.

현재 영국에는 수천 개의 피시 앤 칩스 가게(Chip Shops 또는 Chippies)가 있으며, 금요일 저녁마다 이 음식을 즐기는 것이 영국 가정의 전통이 되었다.

  과거 피시 앤 칩스는 신문지에 싸서 제공하는 것이 일반적이었다. 이는 몇 가지 이유가 있다. 신문지는 가장 저렴한 포장재였다. 신문지가 기름을 빨아들여 손으로 들고 먹기 편했다. 신문지가 감싸면 튀김이 더 오래 따뜻하게 유지되었다.

  하지만 20세기 후반, 신문지의 잉크가 음식에 묻어나 건강에 해롭다는 우려로 인해 신문지 포장은 금지되었고, 현재는 기름종이(파라핀 페이퍼)나 친환경 포장지를 사용하고 있다.

  전통적인 피시 앤 칩스는 깊은 기름에 튀긴 음식이기 때문에 최근 건강 트렌드에 맞춰 다양한 변화가 생겼다.

  튀기는 기름을 라드(돼지기름)에서 식물성 기름으로 변경했다. 베이크드 피시 앤 칩스, 튀기는 대신 오븐에 구운 버전 등장했다. 감자 대신 고구마(Sweet Potato Chips)를 사용한 저칼로리 대체 음식이 나타났다. 하지만 여전히 클래식한 '기름에 튀긴 바삭한 피시 앤 칩스'가 가장 인기 있는 스타일이며, 영국 전역에서 변함없이 사랑받고 있다.

피시 앤 칩스는 기름진 튀김 요리이기 때문에 가벼우면서도 청량감이 있는 맥주가 가장 잘 어울린다. 풀러스 런던 프라이드 (Fuller's London Pride)의 깔끔한 홉의 쓴맛과 청량한 탄산감이 튀김의 기름기를 씻어주며, 바삭한 튀김옷과 훌륭한 조화를 이룬다. 샘 스미스 올드 브루어리 골든 에일 (Samuel Smith's Golden Ale)의 약간의 몰트 단맛과 균형 잡힌 홉의 풍미가 생선의 부드러운 식감과 잘 어울린다. 바스 페일 에일 (Bass Pale Ale), 그린 킹 IPA (Greene King IPA) 같은 영국 전통 맥주는 적당한 쓴맛과 캐러멜 같은 몰트 풍미가 피시 앤 칩스와 궁합이 좋다.

피시 앤 칩스는 간단한 튀김음식이지만, 그 속에는 오랜 역사와 문화가 담겨 있다. 바삭한 튀김과 감자, 그리고 시원한 맥주 한 잔이 어우러지면, 영국의 전통적인 맛을 제대로 경험할 수 있다.

피시 앤 칩스는 현재 영국을 넘어 호주, 뉴질랜드, 캐나다, 미국 등 다양한 나라에서 사랑받고 있다.

호주와 뉴질랜드에서는 해안 지역을 중심으로 피시 앤 칩스 문화가 자리 잡고 있다. 미국은 뉴잉글랜드 지역에서 특히 인기 있으며, 타르타르 소스와 함께 제공된다. 일본의 영국식 펍에서 피시 앤 칩스를 판매하며, 와사비 마요와 함께 제공하는 경우도 있다.

피시 앤 칩스는 이민자들의 요리문화, 산업혁명의 대중화, 전쟁을 이겨낸 국민음식, 그리고 세계적인 인기까지, 그 모든 것이 담겨 있다.

오늘날에도 바삭한 생선과 따끈한 감자튀김을 한입 베어 물면, 그 속에는 영국의 역사와 전통이 함께 녹아 있다.

비프 웰링턴(Beef Wellington)
고든 램지가 되실린 영국 왕실요리

비프 웰링턴(Beef Wellington)은 소고기 안심을 듬뿍 감싸는 버섯 듀셀(Duxelles)과 파이 크러스트가 어우러진 화려한 요리다. 바삭한 페이스트리 속에 육즙 가득한 소고기가 자리 잡은 이 요리는 전통적인 영국 요리 중에서도 가장 고급스럽고 우아한 요리로 손꼽힌다. 이 음식은 미식가들의 사랑을 받는 요리며, 그 기원과 역사에는 여러 흥미로운 이야기들이 얽혀 있다.

많은 사람들은 비프 웰링턴이 나폴레옹 전쟁에서 활약한 영국의 장군이자 정치가인 '아서 웰링턴 공작(Arthur Wellesley, 1st Duke of Wellington)'의 이름을 따서 만들어졌다고 생각한다.

웰링턴 공작은 1815년 워털루 전투에서 프랑스의 나폴레옹을 무찌른 영웅으로 유명하다. 그가 즐겨 먹던 음식이 '비프 웰링턴'이었다는 이야기가 있지만, 이를 뒷받침할 구체적인 역사적 증거는 없다.

오히려, 프랑스 요리 'Filet de Bœuf en Croûte(필레 드 뵈프 앙 크루트)'에서 유래되었다는 설이 더 유력하다.

'Filet de Bœuf en Croûte'는 소고기 필레를 버섯과 파이 반죽으로 감싸 구운 요리로, 19세기 프랑스에서 이미 존재했다. 영국에서는 이를 응용하여 영국식으로 재해석했으며, 이후 '웰링턴'이라는 이름이 붙여진 것으로 추측된다. 즉, 비프 웰링턴은 완전히 영국에서 창조된 요리가 아니라, 프랑스 요리의 영향을 받은 영국 요리라고 볼 수 있다.

비프 웰링턴이 아서 웰링턴 공작과 직접적인 연관이 없다고 해도, '웰링턴'이라는 이름이 붙은 이유에 대한 몇 가지 설이 있다.

웰링턴 공작이 신고 다니던 반짝이는 가죽 부츠(Wellington Boots)와 비슷한 모양이라서 이 이름이 붙었다는 설이 있다. 황금빛 반죽에 감싸진 비프 웰링턴의 모습이 그의 부츠와 닮았다는 것이다.

또 하나의 설은 19세기 영국에서는 프랑스 요리에 대한 반감이 있었다. 프랑스 요리인 'Filet de Bœuf en Croûte'의 이름을 그대로 사용하는 대신, 영국을 대표하는 영웅의 이름을 붙여 애국심을 강조했다는 해석도 있다.

　어떤 이유든 간에, 결과적으로 비프 웰링턴은 영국 요리의 대표적인 고급 요리로 자리 잡았다.
　비프 웰링턴은 역사적으로 왕실 연회나 귀족들의 고급 요리로 즐겨졌지만, 한때는 대중적인 인기를 잃기도 했다. 그런데 최근 세계적인 셰프 '고든 램지(Gordon Ramsay)'가 이 요리를 적극적으로 홍보하면서 다시 인기를 얻게 되었다.
　고든 램지는 자신의 레스토랑에서 비프 웰링턴을 시그니처 메뉴로 제공하고 있으며, TV 요리 프로그램 '헬스 키친(Hell's Kitchen)'에서도 종종 이 요리를 테스트 요리로 사용한다. 그의 레시피 덕분에 전 세계 많은 요리사들이 비프 웰링턴을 따라 만들기 시작하면서 현대적인 재해석이 이루어지고 있다.
　비프 웰링턴은 보통 와인과 함께 곁들이는 고급 요리로 알려져 있지만, 맥주와도 훌륭한 조합을 이룬다.

진한 초콜릿과 커피향이 나는 스타우트 맥주는 비프 웰링턴의 깊은 감칠맛과 잘 어울린다. 기네스(Guinness) 같은 아일랜드 스타우트가 좋은 선택이다.

에일의 나라 영국 답게 다크 에일(Dark Ale) 또는 브라운 에일(Brown Ale)의 페어링이 조화롭다. 카라멜과 토피 향이 나는 브라운 에일은 버섯 듀셀의 풍미와 조화를 이루며, 바삭한 파이 크러스트와의 균형을 맞춰준다. 맥주와 함께라면 비프 웰링턴의 리치한 맛을 더욱 즐길 수 있다.

최근 들어 비프 웰링턴은 다양한 방식으로 변형되고 있다. 미니 비프 웰링턴(Mini Beef Wellington) 한입 크기로 만들어 핑거푸드로 제공하는 스타일이다. 연어 웰링턴(Salmon Wellington)은 소고기 대신 연어를 사용한 버전이고, 베지테리언 웰링턴(Vegetarian Wellington)은 고기 대신 버섯, 렌틸콩, 호박 등의 채소를 활용한다.

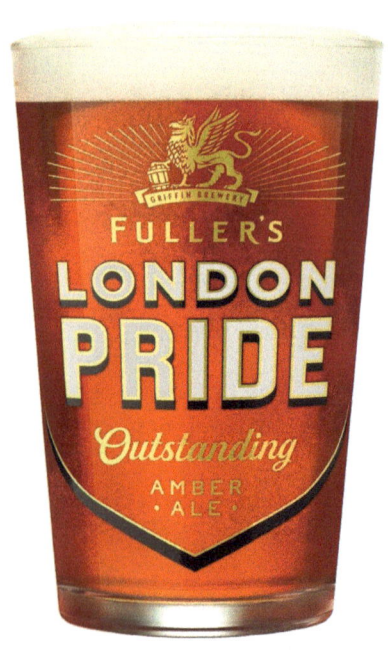

비프 웰링턴은 프랑스 요리에서 시작된 유래, 웰링턴 공작과의 관계 그리고 고든 램지를 통한 현대적인 부활까지, 그 속에는 흥미로운 역사와 이야기가 담겨 있다.

지금도 특별한 날, 고급 레스토랑에서 화려한 한 끼를 원한다면 가장 먼저 떠오르는 요리 중 하나다. 영국 요리의 우아함을 대표하는 비프 웰링턴, 당신도 한 번 도전해보기 바란다.

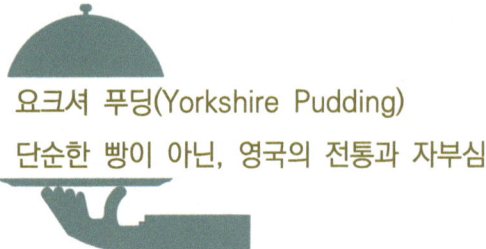

요크셔 푸딩(Yorkshire Pudding)
단순한 빵이 아닌, 영국의 전통과 자부심

요크셔 푸딩(Yorkshire Pudding)은 영국의 대표적인 사이드 디시 중 하나로, 바삭한 겉면과 부드러운 속살이 특징인 구운 반죽 요리다. 주로 선데이 로스트(Sunday Roast)와 함께 제공되며, 그레이비(Gravy) 소스를 곁들여 먹는 것이 일반적이다.

요크셔 푸딩의 기원은 18세기 영국으로 거슬러 올라간다. 초기 형태의 레시피는 1737년 「The Whole Duty of a Woman」이라는 요리책에서 처음 등장했으며, 당시에는 'Dripping Pudding'이라는 이름으로 불렸다. 이 이름은 로스트 고기를 오븐에서 조리할 때, 떨어지는 고기 육즙(Dripping)을 받아서 반죽과 함께 굽던 방식에서 유래했다.

1747년, 유명한 영국 요리사 '한나 글래스(Hannah Glasse)'가 저술한 「The Art of Cookery Made Plain and Easy」에서 처음으로 '요크셔 푸딩(Yorkshire Pudding)'이라는 이름이 등장했다. 이후 영국 북부 지역을 중심으로 요크셔 푸딩이 널리 퍼지면서 선데이 로스트와 함께 먹는 전통이 정착되었다.

요크셔 푸딩은 밀가루, 달걀, 우유, 소금을 기본 재료로 사용하여 반죽을 만든 후, 뜨겁게 달궈진 기름(주로 쇠고기 기름인 드리핑)을 넣은 틀에 부어 오븐에서 구운 음식이다. 전통적인 요크셔 푸딩은 속이 비어 있어야 하며, 바삭하면서도 부드러운 식감을 유지해야 한다.

과거에는 큰 사각형 틀에 요크셔 푸딩을 구운 후, 그 위에 그레이비를 부어 선데이 로스트의 전채 요리로 제공되었지만, 오늘날에는 개별적인 작은 틀에 구워 내는 방식이 더 일반적이다.

요크셔 푸딩은 기본적으로 담백한 맛을 가지고 있으며, 함께 곁들이는 요리에 따라 다양한 맥주와 잘 어울릴 수 있다.

바삭한 식감과 고소한 풍미가 영국식 페일 에일(Pale Ale) 또는 비터(Bitter)의 적당한 몰트감과 홉의 밸런스와 잘 맞는다. 티모시 테일러 랜드로드(Timothy Taylor's Landlord), 풀러스 런던 프라이드(Fuller's London Pride)와 페어링을 추천한다.

그레이비를 곁들인 요크셔 푸딩은 브라운 에일(Brown Ale) 또는 포터(Porter) 스타일 맥주와 잘 어울린다. 짙은 몰트 풍미가 풍부한 브라운 에일이나 초콜릿, 커피 노트가 있는 포터가 요크셔 푸딩과 그레이비의 깊은 감칠맛과 조화를 이룬다. 뉴캐슬 브라운 에일(Newcastle Brown Ale), 풀러스 런던 포터(Fuller's London Porter) 등이 제격이다.

소고기와 함께 제공되는 요크셔 푸딩은 기네스 스타우트(Guinness Stout), 머피스 스타우트(Murphy's Stout) 묵직한 스타우트의 로스팅 향이 요크셔 푸딩과 소고기의 풍미를 더욱 강조해준다.

부드러운 반죽요리인 요크셔 푸딩은 오랜 역사를 지닌 영국 전통 음식의 상징이다. 절묘하게 바삭하면서도 부드러운 이 음식과 함께하는 적절한 맥주 페어링은 선데이 로스트 식사의 즐거움을 한층 더 높여준다.

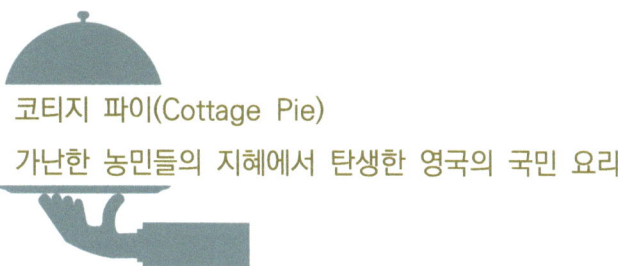

코티지 파이(Cottage Pie)
가난한 농민들의 지혜에서 탄생한 영국의 국민 요리

코티지 파이(Cottage Pie)는 다진 소고기와 으깬 감자를 겹겹이 쌓아 오븐에 구운 영국의 전통적인 가정식 요리다. 흔히 '셰퍼드 파이(Shepherd's Pie)'와 혼동되지만, 셰퍼드 파이는 양고기를 사용한 반면, 코티지 파이는 소고기를 사용한다는 점에서 차이가 있다.

코티지 파이의 기원은 18세기 후반으로 거슬러 올라간다. 당시 감자는 값싸고 쉽게 구할 수 있는 식재료였으며, 특히 농촌 지역의 노동자들에게 중요한 식량이었다. '코티지(Cottage)'라는 이름도 바로 이들이 살던 작은 시골집을 의미하며, 소박한 가정식 요리라는 점을 강조한다.

코티지 파이의 개념은 본래 남은 고기를 활용하기 위한 절약 요리에서 출발했다. 당시 유럽에서는 남은 고기를 활용하는 다양한 레시피가 존재했으며, 영국에서는 다진 고기를 감자와 함께 조리하는 방식이 널리 퍼졌다.

1800년대 초반, 오븐 사용이 보편화되면서 코티지 파이는 더욱 대중적인 요리가 되었으며, 으깬 감자를 고기 위에 덮어 크러스트처럼 구워내는 형태로 자리 잡았다. 오늘날에는 양파, 당근, 완두콩, 셀러리 등을 다진 소고기와 함께 조리하며, 감자 위에는 치즈를 뿌려 더욱 풍미를 더하기도 한다.

19세기 산업혁명 시기, 코티지 파이는 노동자들에게 필수적인 한 끼가 되었다. 산업혁명 이후 많은 사람들이 농촌에서 도시로 이주하면서, 값싼 고기와 감자를 활용한 코티지 파이가 공장에서 일하는 노동자들에게 인기를 끌었다. 퇴근 후 가족들이 모여 크고 따뜻한 오븐 접시에서 코티지 파이를 퍼먹는 장면은 당시 영국 가정에서 흔히 볼 수 있는 모습이었다.

이처럼 코티지 파이는 소박하지만 배부르게 먹을 수 있는 음식으로 자리 잡았다.

오늘날 코티지 파이는 영국뿐만 아니라, 전 세계적으로 사랑받는 요리가 되었다. 미국, 오스트레일리아, 캐나다 등에서도 다양한 변형 요리가 등장했다. 예를 들어, 미국에서는 고구마를 활용한 버전이 등장하기도 했다. 현대에는 치즈, 당근, 완두콩, 버섯 등을 추가하여 더욱 풍성한 맛을 내는 레시피도 많다.

이제 코티지 파이는 가난한 농민들의 음식이 아니라, 전 세계에서 편안한 가정식으로 즐기는 요리가 되었다.

코티지 파이는 깊고 풍부한 고기 풍미와 부드러운 감자의 조화가 특징이므로, 맥주 페어링 시 밸런스가 잘 맞는 몰트 중심의 뉴캐슬 브라운 에일(Newcastle Brown Ale), 사무엘 스미스 너티 브라운 에일(Samuel Smith's Nut Brown Ale) 맥주가 이상적이다. 구운 몰트와 캐러멜 노트가 코티지 파이의 풍미를 더욱 강조한다.

영국의 대표 가정식 요리 코티지 파이는 영국의 역사와 생활상을 담고 있는 요리다. 고기와 감자의 따뜻한 조합, 그리고 적절한 맥주 한 잔과 함께하면 더욱 깊은 풍미를 즐길 수 있다.

FRANCE

프랑스

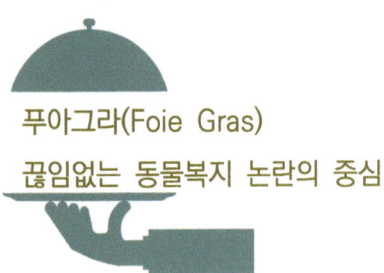

푸아그라(Foie Gras)
끊임없는 동물복지 논란의 중심

　푸아그라(Foie Gras)는 프랑스를 대표하는 고급 요리 중 하나로, 오리나 거위의 간을 이용해 만든 미식 요리다. 그 부드럽고 크리미한 식감과 깊은 풍미로 인해 세계적으로 유명하지만, 그 기원은 프랑스가 아닌 고대 이집트로 거슬러 올라간다.

푸아그라의 역사는 4,500년 전 고대 이집트까지 거슬러 올라간다. 이집트 벽화에는 농부들이 거위에게 강제로 곡물을 먹이는 장면이 묘사되어 있는데, 이는 철새가 장거리 이동 전에 자연스럽게 간에 지방을 축적하는 생리적 특징에서 영감을 얻은 것이다. 이를 통해 거위 간을 크고 부드럽게 만들었으며, 이집트인들은 이를 별미로 여겼다.

고대 로마인들은 이집트에서 전해진 기법을 더욱 발전시켜, 무화과(Fig)를 이용한 강제 급여 방식을 사용했다. 이는 로마 귀족들 사이에서 큰 인기를 끌었으며, 로마가 유럽 전역을 지배하면서 푸아그라의 기법도 함께 전파되었다. 이후 중세 시대까지 푸아그라는 유럽의 다양한 지역에서 명맥을 유지했다.

푸아그라는 16세기 프랑스에서 본격적으로 발전했다. 특히 프랑스 남서부 지역(특히 알자스와 페리고르)이 푸아그라 생산의 중심지가 되었다. 이 지역에서는 오리와 거위를 키워 푸아그라를 만들었으며, 이를 다양한 방식으로 조리하여 프랑스 미식 문화의 중요한 요소로 자리 잡았다. 18세기에는 푸아그라가 프랑스 왕실에서도 즐겨 먹는 고급 요리로 등극하였고, 이후 전 세계적으로 명성을 얻게 되었다.

푸아그라는 일반적으로 와인과 함께 즐기는 요리지만, 맥주와도 훌륭한 조화를 이룬다. 푸아그라의 크리미한 질감과 고소한 풍미를 살릴 수 있는 고급 맥주 스타일과 잘 어울린다.

벨지안 트리펠(Belgian Tripel)의 과일 향과 부드러운 탄산이 푸아그라의 풍미를 더욱 살려준다. 사우어 비어(Sour Beer, 람빅 & 괴즈)처럼 산미가 있는 맥주는 푸아그라의 기름진 식감을 깔끔하게 정리해준다. 둔켈(Dunkel), 복(Bock) 등의 약간의 단맛과 몰트의 깊은 풍미가 푸아그라와 조화를 이룬다.

　푸아그라는 오랜 역사를 가진 고급 요리로, 전통적으로 와인과 함께 즐겨 왔지만, 최근에는 다양한 맥주와 페어링하며 새로운 미식 경험을 선사하고 있다.

　푸아그라는 프랑스 미식 문화를 대표하는 고급 요리로 전 세계적으로 사랑받지만, 그만큼 논란과 이슈도 많다. 특히, 푸아그라 생산 방식과 동물 윤리 문제는 오랜 기간 논쟁의 중심에 서 있었다.

　푸아그라는 전통적으로 '가바주(gavage)'라고 불리는 강제 급여 방식으로 생산된다. 이 과정에서 오리나 거위의 식도에 튜브를 삽입해 곡물을 강제로 급여하여 간을 비대하게 만든다. 이는 간에 지방이 과도하게 축적되도록 유도하는 방식이며, 이러한 사육 방식이 동물 학대라는 비판을 받아왔다.

　동물 보호 단체(PETA, WWF, L214 등)는 푸아그라 생산을 '잔인한 방식'이라며 금지를 촉구하고 있다. 유럽연합(EU) 내에서도 푸아그라 생산 방식에 대한 규제를 강화하고 있으며, 강제 급여를 금지하는 국가가 증가하고 있다. 2012년, 미국 캘리포니아주는 푸아그라 판매를 금지하는 법안을 통과시켰으며, 영국과 독일 등 여러 국가에서도 판매 및 수입 제한이 논의되고 있다.

프랑스 정부와 푸아그라 생산자들은 강제 급여가 오리와 거위에게 큰 고통을 주지 않는다고 주장하지만, 여전히 윤리적 문제로 인해 논란이 지속되고 있다. 푸아그라 생산 및 판매를 금지하는 나라가 점점 늘어나고 있다.

미국의 캘리포니아주는 2012년부터 푸아그라 판매를 금지했으며, 뉴욕시도 2022년부터 푸아그라 판매 금지를 시행했다. 영국은 2021년 이후 푸아그라 수입 금지가 논의되고 있으며, 동물 보호 단체들의 압력이 계속되고 있다. 덴마크, 독일, 폴란드, 노르웨이: 푸아그라 생산이 법적으로 금지되어 있다.

그러나 프랑스는 여전히 푸아그라 생산을 강하게 옹호하고 있으며, 푸아그라는 프랑스 문화유산의 일부로 여겨지고 있다.

최근 몇 년간 강제 급여 없이 자연적으로 지방이 축적된 오리와 거위를 이용한 '에틱 푸아그라(Ethical Foie Gras)'가 등장하고 있다. 스페인의 한 농장은 오리와 거위를 자연 방목하여 철새처럼 지방을 자연스럽게 축적하도록 하는 방식으로 푸아그라를 생산한다. 프랑스 일부 농장에서도 이러한 친환경적이고 윤리적인 방식의 푸아그라 생산을 시도하고 있다.

과학자들은 인공 배양 기술을 이용해 동물을 희생시키지 않고 푸아그라를 생산하는 연구도 진행 중이다. 이러한 대안이 확산되면서 푸아그라를 둘러싼 논란이 점차 줄어들 가능성도 있다.

푸아그라는 오랜 역사를 가진 프랑스 미식 문화의 상징이지만, 생산 방식에 대한 윤리적 논란은 여전히 뜨겁다. 일부 국가에서는 푸아그라 생산과 판매를 금지하고 있으며, 윤리적인 대안을 찾으려는 움직임도 활발하다. 앞으로 푸아그라가 어떤 방향으로 발전할지는 소비자와 생산자의 선택에 달려 있다.

에스카르고(Escargot)
미식과 윤리적 논쟁 사이

에스카르고(Escargot)는 달팽이를 조리하여 먹는 프랑스의 대표적인 전채 요리 중 하나다. 프랑스 요리의 고급스러운 이미지 덕분에 에스카르고도 특별한 음식으로 여겨지지만, 사실 그 기원은 고대까지 거슬러 올라간다.

달팽이를 식재료로 사용한 기록은 기원전 10,000년 전 신석기 시대까지 거슬러 올라간다. 고대 로마인들은 달팽이를 식용으로 키웠으며, 특히 포도밭 근처에서 달팽이를 사육해 포도잎을 먹이며 키웠다. 로마의 학자 '플리니우스(Pliny the Elder)'는 그의 저서에서 달팽이가 로마 귀족들에게 인기가 많았다고 기록했다.

로마인들은 달팽이를 고기 대용으로 즐겼으며, 와인과 허브로 요리하여 먹었다. 로마 제국이 유럽 전역으로 확장되면서, 달팽이 요리 문화도 함께 퍼져나갔다. 이후 중세 시대에는 달팽이가 가톨릭 금식 기간 동안 허용된 음식으로 자리 잡으며 더욱 인기를 끌었다.

오늘날 우리가 아는 에스카르고 요리는 19세기 프랑스에서 정형화되었다. 프랑스 요리의 대가 '앙토냉 카렘(Antonin Careme)'이 달팽이를 마늘, 버터, 파슬리와 함께 요리하는 방식을 정립했다.

특히 부르고뉴(Bourgogne) 지역에서는 '에스카르고 드 부르고뉴(Escargots de Bourgogne)'라는 전통 요리로 발전했다. 나폴레옹 3세가 한 연회에서 에스카르고를 맛본 후, 귀족들과 부유층 사이에서 유행하기 시작했다. 이후 에스카르고는 프랑스를 대표하는 고급 요리로 자리 잡았다.

전통적인 에스카르고 조리법은 달팽이를 버터, 마늘, 파슬리, 화이트 와인과 함께 오븐에서 구워내는 방식이다. 부드러운 달팽이 살과 향긋한 허브 버터 소스가 어우러져 진한 풍미를 자랑한다.

최근에는 크림소스, 브랜디, 트러플 오일 등을 활용한 다양한 현대적인 레시피도 등장하고 있다. 프랑스뿐만 아니라 스페인, 이탈리아, 포르투갈 등에서도 지역별로 특색 있는 달팽이 요리가 존재한다.

　에스카르고는 일반적으로 와인과 함께 즐기는 요리로 알려져 있지만, 맥주와도 훌륭한 조화를 이룰 수 있다.
　필스너(Pilsner)의 가벼운 바디와 깔끔한 몰트 풍미가 에스카르고의 버터와 마늘 풍미를 돋보이게 한다. 벨지언 세종(Saison)의 약한 스파이시함과 밝은 탄산감이 달팽이 요리의 깊은 풍미와 잘 어울린다. 벨지언 트라피스트 에일(Trappist Ale) 맥주는 허브 버터 소스와 조화를 이루며, 깊고 복합적인 맛을 선사한다.
　미식가들의 별미인 에스카르고는 고대부터 이어져 온 깊은 역사를 가진 요리다. 로마 시대부터 시작된 달팽이 식문화는 중세를 거쳐 프랑스에서 세련된 미식 요리로 발전했다. 전통적인 방식뿐만 아니라 현대적인 조리법으로도 변주되며, 맥주와의 조화도 새롭게 주목받고 있다.

에스카르고가 고급 요리로 자리 잡으면서, 달팽이 양식 및 조리 과정에 대한 윤리적 논쟁이 제기되었다. 전통적인 프랑스 요리법에서는 달팽이를 살아있는 상태에서 조리하는 경우가 많다. 보통 소금물에 담가 점액을 제거한 후, 끓는 물에 데쳐 조리하는데, 이 과정이 비윤리적이라는 비판을 받는다. 동물 복지 단체들은 산 채로 요리하는 방식이 불필요한 고통을 준다고 주장하며, 인도적인 대체 방식을 요구하고 있다.

원래 에스카르고는 야생 달팽이를 채집하여 조리했지만, 수요가 증가하면서 남획으로 인해 개체 수 감소 문제가 발생했다. 현재 프랑스에서는 대부분의 에스카르고가 양식 농장에서 생산되지만, 일부 고급 레스토랑에서는 여전히 자연산 달팽이를 선호하는 경향이 있다.

대부분의 사람들이 에스카르고 하면 프랑스산 달팽이를 떠올리지만, 사실 프랑스에서 소비되는 달팽이의 약 80~90%는 동유럽에서 수입된 것이다. 프랑스 내에서는 달팽이 양식이 까다롭고 비용이 많이 들어 폴란드, 루마니아, 헝가리 등지에서 달팽이를 수입하여 요리하는 경우가 많다.

심지어 프랑스에서 가장 유명한 '부르고뉴 달팽이(Escargots de Bourgogne)'조차도, 원산지는 동유럽일 가능성이 높다. 이러한 사실을 모르는 소비자들은 프랑스 레스토랑에서 동유럽산 달팽이를 고급 요리로 먹고 있는 셈이다.

프랑스에서는 에스카르고가 강장제 및 정력제로 여겨지기도 한다. 달팽이에는 '아르기닌(Arginine)'이라는 아미노산이 풍부하게 함유되어 있어 혈액순환을 촉진하는 효과가 있다. 일부 연구에서는 달팽이 점액이 면역력 강화 및 항산화 효과를 가지고 있다는 점을 강조하기도 한다. 이에 따라, 프랑스 일부 지역에서는 에스카르고가 자연적인 정력제로 작용한다는 미신이 전해져 내려오고 있다.

에스카르고는 프랑스에서 가장 유명하지만, 세계 곳곳에서도 달팽이를 독특한 방식으로 즐긴다.

스페인에서는 '카르고스(Caracoles)'라고 불리며, 맵고 진한 육수에 넣어 스튜처럼 끓여 먹는다. 베트남에서는 달팽이를 다양한 향신료와 함께 찜이나 볶음으로 요리하며, 맵고 새콤한 소스와 함께 먹는다. 아프리카 일부 지역에서는 '대형 달팽이(Achatina fulica)'를 먹으며, 이는 프랑스의 에스카르고보다 몇 배나 크다.

에스카르고는 고급 요리로 여겨지지만, 실제 가격은 크게 차이가 난다. 프랑스의 일반적인 에스카르고 요리 한 접시(6~12마리)의 가격은 약 1,030유로(약 15,000원) 정도다. 그러나 최고급 레스토랑에서는 특별한 조리법과 소스를 가미하여 수십만 원대 가격에 제공되기도 한다.

한편, 달팽이 점액이 화장품 원료로도 사용되면서, 최근에는 미용 산업에서도 큰 주목을 받고 있다.

에스카르고는 프랑스 미식 문화를 대표하는 요리이지만, 윤리적 논쟁, 원산지 문제, 기이한 문화적 요소 등 다양한 이야기를 품고 있다. 전통적으로 고급 요리로 여겨지지만, 그 기원은 고대 로마 시대까지 거슬러 올라가며, 현대에는 동유럽에서 대량 생산되어 프랑스로 수입되는 현실도 존재한다.

에스카르고를 맛볼 때, 그 속에 담긴 깊은 역사와 논란을 함께 곱씹어 보는 것도 흥미로운 경험이 될 것이다.

크로크무슈(Croque-Monsieur)
단순하지만 우아한 미식

크로크무슈(Croque-Monsieur)는 프랑스에서 탄생한 대표적인 카페 및 비스트로 음식으로, 오늘날 세계적으로 사랑받는 프렌치 그릴드 치즈 샌드위치다. 너무나 단출하지만 깊은 풍미를 가진 이 요리는 어떤 계기로 탄생했으며, 어떻게 프랑스 미식 문화의 일부가 되었을까?

크로크무슈가 처음 등장한 것은 1910년경, 파리의 한 카페에서였다. 전해지는 이야기 중 하나는, 프랑스 비스트로에서 일하던 요리사가 실수로 햄과 치즈를 넣은 샌드위치를 그릴 위에 올려두었고, 이 과정에서 치즈가 녹아 훌륭한 맛을 내게 되었다는 설이다.

다른 기록에 따르면, 1910년경 파리의 'Le Bel Age'라는 카페에서 처음 메뉴에 등장했으며, 그 인기가 빠르게 퍼졌다고 한다.

이름인 'Croque-Monsieur'는 프랑스어로 '바삭하게 씹는 신사'라는 뜻을 가진다. 'Croque'는 프랑스어로 '바삭바삭 씹다'는 의미이고, 'Monsieur'는 '신사'를 뜻하는 단어다.

이는 단순히 우아한 느낌을 주기 위해 붙여진 이름이라는 설도 있지만, 당시 비즈니스맨들이 카페에서 빠르고 간편하게 먹을 수 있는 음식으로 인기를 끌었기 때문에 붙여진 이름이라는 주장도 있다.

크로크무슈가 본격적으로 유명해진 계기 중 하나는 프랑스 문학 거장 '마르셀 프루스트(Marcel Proust)' 덕분이었다.

그의 대표작인 「잃어버린 시간을 찾아서 (A la recherche du temps perdu)」에서 크로크무슈가 등장하며, 프랑스 전역에서 널리 알려지게 되었다. 이후, 1920~30년대 파리의 비스트로와 카페에서 필수적인 메뉴로 자리 잡았다.

크로크무슈는 시간이 지나면서 다양한 변형이 생겼다. 크로크 마담(Croque-Madame)은 크로크무슈 위에 반숙 프라이드 에그를 올린 버전이다. 이름의 유래는 "햄과 치즈 사이에 달걀이 얹혀 있는 모양이 모자의 장식처럼 보인다."는 이유에서 비롯되었다. 크로크 프로방살(Croque Provencal)은 토마토를 추가한 버전이며, 크로크 노르망(Croque Normand)은 애플 브랜디인 칼바도스를 곁들인 노르망디식 변형이다.

햄과 치즈, 바삭한 빵이 조화를 이루는 크로크무슈는 맥주와 훌륭한 페어링을 이룬다.

필스너(Pilsner)는 크로크무슈의 고소한 치즈 풍미를 상쾌하게 정리해주는 라이트한 페어링이다. 비엔나 라거(Vienna Lager)는 맥아의 고소한 맛이 크로크무슈의 버터 풍미와 조화를 이루고, 트라피스트 더블(Trappist Dubbel)은 브리오슈 빵을 사용한 크로크무슈와 함께하면 깊은 풍미를 살릴 수 있다.

크로크무슈는 파리의 작은 카페에서 탄생해 프랑스 전역으로 퍼져나간 클래식한 간편식이며, 시간이 지나면서 문학 작품 속에서도 등장하며 전통적인 요리로 자리 잡았다. 바삭한 식감과 깊은 풍미 덕분에, 단순하지만 프랑스 미식 문화의 우아함을 느낄 수 있는 대표적인 음식이다. 지금도 크로크무슈는 전 세계 비스트로와 카페에서 사랑받고 있으며, 맥주 또는 와인과 함께 즐기기에 완벽한 한 접시로 남아 있다.

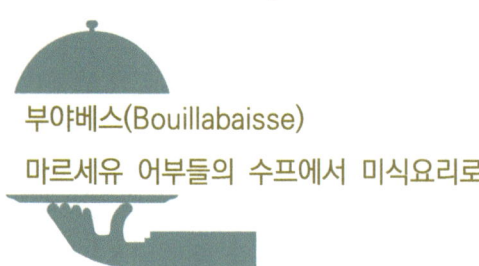

부야베스(Bouillabaisse)
마르세유 어부들의 수프에서 미식요리로

부야베스(Bouillabaisse)는 프랑스 남부 프로방스(Provence) 지역, 특히 마르세유(Marseille)에서 유래한 전통적인 생선 스튜다.
지중해의 신선한 해산물을 듬뿍 넣어 끓인 이 요리는 소박한 어부들의 음식에서 시작해 오늘날 프랑스 미식 문화의 상징적인 요리로 자리 잡았다.

부야베스의 기원은 고대 그리스와 로마 시대까지 거슬러 올라간다. 기원전 600년경, 고대 그리스인들이 마르세유(당시 Massalia)를 식민지로 개척하면서, 그들은 간단한 생선 스튜를 만들어 먹었다. 이후, 로마인들이 이 지역을 점령하면서 올리브 오일, 향신료, 와인 등의 재료가 추가되며 오늘날 부야베스의 기초가 마련되었다.

하지만 오늘날 우리가 아는 부야베스는 마르세유의 어부들(Fishermen)이 만든 서민 요리에서 시작되었다. 어부들은 팔기 어려운 작은 생선과 해산물, 부서진 생선을 모아 국물 요리를 만들어 먹었고, 이때 올리브 오일, 마늘, 허브, 샤프란(Saffron) 같은 향신료를 넣어 맛을 더했다.

이처럼 부야베스는 어부들의 실용적인 음식에서 출발하여 18~19세기부터 프랑스 미식 문화에 영향을 받으며 고급 요리로 발전하기 시작했다.

부야베스(Bouillabaisse)라는 이름은 프랑스어 동사 'bouillir(끓이다)'와 'abaisser(낮추다, 불을 줄이다)'에서 유래했다. 즉, '강한 불에서 끓인 후, 불을 줄여 천천히 익히는 요리법'을 의미한다. 이 조리법은 부야베스의 깊고 진한 국물 맛을 완성하는 핵심 과정이다.

부야베스는 단순한 생선 스튜가 아니라, 지중해 지역의 다양한 생선과 해산물, 향신료가 어우러진 복합적인 요리다. 전통적으로 부야베스에는 랍스터, 홍합, 바닷가재, 농어, 도미, 전갱이, 바닷장어, 가자미 등 다양한 해산물이 들어간다. 여기에 올리브 오일, 마늘, 토마토, 양파, 샤프란, 허브(타임, 월계수, 파슬리) 등이 추가되어 깊은 풍미를 만들어낸다.

부야베스의 정통 방식은 생선을 먼저 익힌 후, 그 국물을 걸러 따로 제공하고, '루이유(Rouille)'라고 불리는 마늘과 샤프란이 들어간 매콤한 아이올리 소스와 함께 바삭한 빵을 곁들여 먹는 것이 특징이다.

19세기 이후부터 부야베스는 프랑스 고급 레스토랑에서도 제공되는 요리가 되었다. 특히 마르세유 지역의 유명 레스토랑들이 자신만의 레시피를 개발하면서, 부야베스는 더욱 정교한 미식 요리로 자리 잡았다.

20세기 들어서는 프랑스의 미슐랭 레스토랑에서도 고급화된 부야베스를 만나볼 수 있게 되었다. 오늘날 부야베스는 마르세유를 방문하는 사람들이 꼭 맛봐야 하는 대표적인 요리로, 프랑스 해안 도시의 전통과 풍미를 담은 특별한 음식으로 남아 있다.

부야베스는 일반적으로 화이트 와인과 잘 어울리는 요리로 알려져 있지만, 다양한 맥주와도 훌륭한 조화를 이룬다.

벨지안 화이트(Belgian Witbier)는 부야베스의 허브와 샤프란 향을 부드럽게 감싸준다. 세종(Saison)의 약간 스파이시한 풍미가 부야베스의 향신료와 조화를 이룬다. 골든 에일(Golden Ale)은 해산물의 풍미를 강조하면서도 가볍고 청량한 마무리를 선사한다.

어부들의 해산물 스튜 부야베스는 고대 그리스와 로마 시대부터 시작된 역사, 마르세유 어부들의 실용적인 요리에서 출발해 프랑스 미식 문화의 정점까지 올라간 과정 그리고 오늘날까지 전 세계에서 사랑받는 요리로 자리 잡은 이야기를 담고 있다.

바다의 맛과 지중해의 풍미를 가득 품은 부야베스 한 그릇은 프랑스 남부의 문화와 역사를 맛보는 경험이라 할 수 있다.

프랑스는 전통적으로 와인의 나라로 알려져 있지만, 맥주 문화 또한 깊은 역사를 가지고 있다. 특히 벨기에와 독일과 접한 북부 지역(노르망디, 알자스, 플랑드르)에서는 맥주가 널리 소비되며, 다양한 지역 맥주(비에르 드 가르드, 알자스 라거 등)가 생산된다.

프랑스의 대표적인 맥주 스타일은 비에르 드 가르드(Biere de Garde)로, 벨기에의 세종(Saison)과 유사한 숙성형 맥주다. 또한, 알자스 지역에서는 독일식 필스너와 라거가 대중적이며, 크로넨부르(Kronenbourg), 그리멜스(GriMbergen) 같은 브랜드가 널리 알려져 있다.

 최근에는 프랑스 전역에서 크래프트 맥주가 인기를 끌며, 맥주와 요리를 함께 즐기는 미식 문화가 더욱 발전하고 있다.

SWITZERLAND

스위스

퐁듀(Fondue)
치즈업계의 음모가 만든 국가요리?

　스위스는 다국적 문화가 반영된 독특한 요리 전통을 가지고 있다. 독일, 프랑스, 이탈리아의 영향을 받으면서도 알프스 지역 특유의 재료와 조리법을 유지해 왔다. 대표적인 스위스 요리로는 퐁듀(Fondue), 라클렛(Raclette), 뢰슈티(Rosti), 취리히 게슈네첼테스(Zurcher Geschnetzeltes) 등이 있으며, 대부분 치즈와 감자, 육류를 활용한 든든한 음식들이다.

맥주 문화는 스위스에서 와인만큼이나 깊은 역사를 지닌다. 독일어권 지역을 중심으로 라거, 필스너, 바이젠(밀맥주) 등이 인기 있으며, 스위스인들의 사랑을 받는 헬레스(Helles)와 둔켈(Dunkel) 또한 많이 소비된다. 최근에는 크래프트 맥주 시장도 급성장하면서, 소규모 양조장에서 개성 있는 맥주들이 생산되고 있다.

맥주와 스위스 요리의 페어링도 잘 어울린다. 퐁듀와 벨지안 트리펠, 라클렛과 앰버 라거, 뢰슈티와 둔켈, 취리히 게슈네첼테스와 필스너 같은 조합이 대표적이다. 스위스는 전통적인 라거 중심의 맥주 문화를 유지하면서도 점점 다양한 맥주 스타일을 받아들이며 미식 문화를 발전시키고 있다.

퐁듀(Fondue)는 스위스를 대표하는 요리 중 하나로, 녹인 치즈에 빵을 찍어 먹는 전통적인 음식이다. '퐁듀(Fondue)'라는 단어는 프랑스어 'fondre'(녹이다)에서 유래했으며, 본래 치즈를 녹여 먹는 방식에서 시작되었다.

퐁듀의 기원은 알프스 산맥 지역의 농부들로 거슬러 올라간다. 겨울철이 길고 혹독했던 스위스 알프스에서는 신선한 식재료를 구하기 어려웠다. 이에 따라 남은 치즈와 오래된 빵을 활용할 방법이 필요했고, 치즈를 녹여 빵과 함께 먹는 방식이 탄생했다. 퐁듀는 특히 프랑스어권 스위스(서부 스위스)의 프리부르(Fribourg), 보(Vaud), 발레(Valais) 지역에서 발전했다.

18~19세기에 들어서면서 퐁듀는 가난한 농가 음식에서 벗어나 스위스 전역에서 사랑받는 요리로 자리 잡았다. 20세기 중반부터는 세계적으로도 인기를 끌게 되었으며, 미국과 유럽 각국에서도 퐁듀 문화가 확산되었다. 이제는 우리나라에서도 그렇게 낯선 음식이 아니다. 퐁듀를 파는 레스토랑도 늘어나고 있으며, 가정에서 즐기는 이들도 늘어나며 대중화 되고 있다.

전통적인 치즈 퐁듀는 그뤼에르(Gruyere)와 에멘탈(Emmental) 치즈를 화이트 와인과 함께 녹여 만든다. 지역에 따라 치즈의 종류와 조리법이 조금씩 다르며, 프리부르 지역의 '퐁듀 모아티에-모아티에(Fondue moitie-moitie)'는 그뤼에르와 바슈랭 프리부르주아(Vacherin Fribourgeois)를 혼합하여 만든다.

현대에는 치즈 퐁듀뿐만 아니라 초콜릿 퐁듀와 고기 퐁듀(퐁듀 부르기뇽, Fondue Bourguignonne) 등 다양한 변형이 등장하며 전 세계적으로 즐겨 먹는 음식이 되었다.

퐁듀는 일반적으로 화이트 와인과 함께 즐기지만, 맥주와도 좋은 조화를 이룬다. 벨지안 트리펠(Belgian Tripel)은 치즈의 풍부한 맛과 조화를 이루며, 깔끔한 마무리를 제공한다. 세종(Saison)은 가벼운 스파이시함이 치즈의 깊은 풍미를 더욱 돋보이게 한다. 앰버 라거(Amber Lager)는 치즈의 고소한 맛과 맥아의 단맛이 잘 어우러지게 한다.

매우 간단해 보이는 퐁듀는 함께 둘러앉아 음식을 나누는 특별한 경험을 제공하는 요리다. 스위스 전통에서 시작된 이 요리는 전 세계적으로 사랑받으며, 지금도 따뜻한 분위기를 만들어주는 대표적인 겨울 음식으로 자리 잡고 있다

오늘날 스위스의 전통 요리로 알려진 퐁듀는 사실 1930년대 '스위스 치즈 연맹(Swiss Cheese Union)'의 강력한 마케팅 전략 덕분에 국민 음식으로 자리 잡았다. 당시 스위스는 유럽의 주요 치즈 생산국 중 하나였지만, 세계 경제 대공황과 1차 세계대전 이후 유럽 경제가 침체되면서 치즈 소비가 줄어들었다. 이에 스위스 치즈 연맹은 치즈 소비를 늘리기 위해 퐁듀를 '스위스의 국가 요리'로 홍보하는 캠페인을 펼쳤다.

특히, 스위스 군인들에게 퐁듀를 먹도록 장려하며 "퐁듀를 먹는 것이 곧 애국하는 것"이라는 메시지를 강조했다. 이후 1950~60년대에 미국과 유럽에서도 퐁듀가 유행하면서 이 전략은 대성공을 거두었고, 스위스뿐만 아니라 전 세계적인 인기를 얻게 되었다.

퐁듀는 단순한 음식이 아니라 사회적이고 친밀한 식사 문화로 자리 잡았다. 특히 스위스와 프랑스에서는 퐁듀를 함께 먹을 때 "포크를 냄비에 빠뜨리면 벌칙을 받아야 한다"는 전통적인 규칙이 있다.

남성이 포크를 빠뜨리면 테이블에 있는 모든 사람에게 술 한 잔을 사야 한다. 여성이 포크를 빠뜨리면 주변 사람에게 볼 키스를 해야 한다. 이런 전통은 장난스러운 분위기를 만들어주는 요소이지만, 현대에는 단순한 재미로 여겨지며 강요되지 않는다.

일부 역사학자들은 퐁듀가 인위적으로 만들어진 전통이라는 점을 강조하며, 실제로 스위스 전역에서 오랫동안 즐겨 먹었던 요리가 아니라 20세기 중반에 치즈 소비를 촉진하기 위해 조작된 음식이라는 주장을 한다.

이러한 주장은 특히 퐁듀가 특정 지역(프리부르, 보, 발레)에서만 전통적으로 먹었던 음식이라는 점과, 1930년대 이전까지 스위스 내에서도 대중적이지 않았다는 점을 근거로 한다. 하지만 오늘날에는 퐁듀가 스위스 문화를 대표하는 음식으로 자리 잡은 만큼, 이 논란은 큰 영향을 미치지는 않는다.

퐁듀는 1960~70년대 미국에서 큰 인기를 끌었으며, 이후 초콜릿 퐁듀와 고기 퐁듀(퐁듀 부르기뇽) 같은 변형이 등장했다. 초콜릿 퐁듀는 1964년 뉴욕의 한 레스토랑에서 처음 만들어졌으며, 달콤한 디저트로 유명해졌다. 반면, 고기 퐁듀는 치즈 대신 뜨거운 오일이나 육수에 고기를 익혀 먹는 방식으로, 프랑스에서 먼저 유행했다.

　알프스 농가의 치즈 요리 퐁듀는 스위스의 경제적 필요와 마케팅 전략이 결합된 흥미로운 역사적 배경을 가지고 있다. 이제 퐁듀를 먹을 때 빵 조각을 녹인 치즈에 찍어 먹는 것이 아니라, 그 속에 숨겨진 재미있는 비하인드 스토리를 함께 녹여 즐겨보는 것은 어떨까?

라클렛(Raclette)
알프스 가난한 농부의 생존음식

'라클렛(Raclette)'은 스위스와 프랑스의 알프스 지역에서 유래한 전통 치즈 요리로, 특히 스위스 발레(Valais) 지역에서 오랜 역사를 가지고 있다. '라클렛'이라는 이름은 프랑스어 'racler(긁어내다)'에서 유래했으며, 이는 녹인 치즈를 긁어내어 감자나 빵 위에 올려 먹는 방식에서 비롯되었다.

라클렛의 기원은 중세 시대로 거슬러 올라간다. 알프스 지역에서 목축을 하던 스위스와 프랑스 농부들은 여름철에 높은 산에서 방목을 하며 지냈고, 낮에는 일을 하고 저녁에는 모닥불을 피워 치즈를 녹여 감자나 빵과 함께 먹었다. 이 간단하면서도 든든한 식사가 라클렛의 원형이 되었다.

전통적으로 라클렛은 큰 치즈 덩어리를 난롯불이나 모닥불에 녹이고, 녹은 부분을 긁어내어 감자, 피클, 햄, 바게트와 함께 먹는 방식으로 제공되었다. 20세기 후반에는 가정에서도 쉽게 조리할 수 있도록 전용 라클렛 그릴이 개발되면서 더 널리 퍼지게 되었다.

19세기 후반과 20세기 초반, 스위스와 프랑스 알프스 지역을 찾는 관광객들이 늘어나면서 라클렛은 점점 더 유명해졌다. 특히 1970년대 이후, 스위스에서 라클렛 치즈를 국가적으로 브랜드화하면서 대중적인 요리로 자리 잡았다. 현재는 유럽뿐만 아니라 미국, 일본 등 세계 여러 나라에서도 라클렛이 인기 있는 음식으로 자리 잡았다.

라클렛이 유럽을 넘어 세계적으로 유명해진 데에는 스위스와 프랑스 알프스 지역의 스키 문화가 큰 영향을 미쳤다. 19세기 후반부터 알프스산맥은 유럽 귀족과 부유층의 휴양지로 자리 잡았고, 20세기 들어서는 대중적인 스키 여행지로 발전했다.

추운 겨울, 스키를 탄 후 따뜻한 치즈 요리를 먹는 것은 최고의 경험이었고, 관광객들은 알프스의 전통적인 음식을 맛보며 라클렛의 매력에 빠져들었다. 이들은 본국으로 돌아가 라클렛을 알리기 시작했고, 결국 각국의 레스토랑에서도 라클렛을 제공하기 시작했다.

라클렛의 기원을 두고 스위스와 프랑스 사이에는 오랜 논쟁이 있다. 스위스 측 주장에 의하면 라클렛은 스위스 발레(Valais)지역에서 시작되었으며, 1574년 문서에도 'Bratchas(불에 녹인 치즈)'라는 표현이 등장한다. 반면에 프랑스 측 주장에 의하면 프랑스 '사부아(Savoie)' 지역에서도 같은 방식의 요리가 오래전부터 존재했으며, 이를 프랑스 음식 문화의 일부로 봐야 한다.

이 논쟁은 아직도 끝나지 않았지만, 두 나라 모두 라클렛을 자국의 대표적인 요리로 자랑스러워하고 있다.

20세기 후반부터 라클렛 그릴이 대중화되면서, 라클렛은 이제 레스토랑뿐만 아니라 가정에서도 쉽게 즐길 수 있는 요리가 되었다. 유럽에서는 가족과 친구들이 모여 라클렛을 해 먹는 것이 연말연시나 겨울철의 중요한 문화로 자리 잡았다.

이제는 치즈만 녹여 먹는 것을 넘어 다양한 재료를 활용한 '모던 라클렛' 스타일도 등장하고 있다. 해산물, 채소, 다양한 소스를 곁들여 색다른 방식으로 라클렛을 즐기는 것이 유행하고 있으며, 이는 세계적인 미식 문화의 변화와 맞물려 있다.

라클렛의 크리미한 치즈 맛과 짠맛을 보완하는 벨지안 트리펠(Belgian Tripel)의 달콤하면서도 스파이시한 풍미가 라클렛의 고소한 맛과 잘 어울린다. 헬레스 라거(Helles Lager)의 가벼운 몰트 풍미와 부드러운 목넘김이 치즈의 진한 맛을 돋보이게 해준다. 둔켈(Dunkel) 또는 마이복(Maibock)의 진한 맥아 향과 고소한 맛이 치즈의 깊은 풍미와 조화를 이룬다. IPA(India Pale Ale) 맥주의 홉의 쌉쌀한 맛이 치즈의 진한 풍미와 대조를 이루면서도 균형을 잡아준다.

오늘날 라클렛은 따뜻한 불 앞에서 함께 모여 치즈를 녹이고 나누는 특별한 경험을 의미한다. 다음번에 라클렛을 즐길 때는, 그 속에 담긴 오랜 역사와 문화를 떠올려 보며 한입 한입 음미해보는 것은 어떨까?

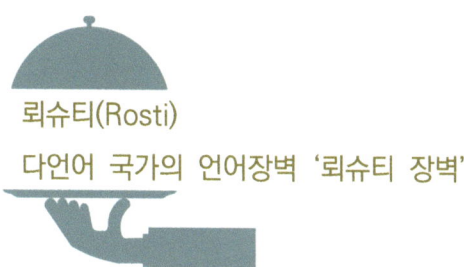

뢰슈티(Rosti)
다언어 국가의 언어장벽 '뢰슈티 장벽'

'뢰슈티(Rosti)'는 스위스의 대표적인 감자 요리로, 바삭하게 구운 감자전과 비슷한 형태를 하고 있다. 원래는 스위스의 독일어권 지역에서 농부들의 아침 식사로 즐겨 먹던 음식이었지만, 현재는 스위스 전역에서 사랑받는 국민 요리로 자리 잡았다. 특히, 베른(Bern) 지역의 전통 요리로 유명하며, 오늘날에는 스위스뿐만 아니라 전 세계적으로도 인기가 높다.

20세기 초반, 스위스의 산업화가 진행되면서 농업 노동자들이 도시로 이주하게 되었다. 이와 함께 뢰슈티 역시 스위스 전역으로 퍼지기 시작했고, 단순한 아침 식사를 넘어 점심이나 저녁에도 즐기는 요리로 자리 잡았다.

현재 스위스에서는 뢰슈티를 독립적인 요리로 먹기도 하지만, 주로 다양한 메인 요리의 사이드 메뉴로 제공된다. 특히, 쇠고기 '스튜(게슈네첼테스 Geschnetzeltes)', 치즈 요리(퐁듀, 라클렛)와 곁들이면 환상적인 조화를 이룬다.

스위스는 독일어, 프랑스어, 이탈리아어, 로만슈어를 사용하는 다언어 국가다. 그런데 흥미롭게도, 스위스에서는 언어적·문화적 차이를 설명할 때 '뢰슈티 장벽(Rostigraben)'이라는 표현을 사용한다. 이는 독일어권(북부 및 동부)과 프랑스어권(서부) 사이의 문화적 차이를 의미하는데, 뢰슈티가 독일어권에서 주로 소비되는 요리이기 때문에 생긴 표현이다. 즉, '뢰슈티를 즐기는 지역과 그렇지 않은 지역'이 스위스 내에서도 구분된다는 것이다.

이러한 차이에도 불구하고, 오늘날에는 프랑스어권 지역에서도 뢰슈티가 널리 소비되고 있으며 스위스 전역에서 국민 요리로 인정받고 있다.

뢰슈티는 기본적으로 버터의 고소한 풍미와 감자의 바삭한 식감이 특징인 요리이므로 맥주와의 조화도 중요하다.

헬레스(Helles)의 가볍고 부드러운 느낌이 뢰슈티의 담백한 맛과 잘 어울린다. 비엔나 라거(Vienna Lager)의 적당한 몰트 풍미가 감자의 고소한 맛을 더욱 살려준다. 둔켈(Dunkel)의 진한 몰트의 깊은 풍미가 감자의 바삭함과 조화를 이루며, 더 풍부한 맛을 선사한다.

스위스에서도 맥주 문화가 점점 성장하면서 지역별로 다양한 크래프트맥주와 뢰슈티의 조합을 즐길 수 있다. 스위스의 크래프트 맥주 브랜드인 BFM(Biere des Franches-Montagnes)에서 생산하는 페일 에일이나 벨지안 스타일 맥주도 뢰슈티와 좋은 궁합을 이룬다.

스위스에는 감자를 활용한 다양한 요리가 있지만, 독일어권과 프랑스어권에서 감자 요리를 바라보는 방식은 다소 차이가 있다. 독일어권에서는 감자를 뢰슈티 형태로 바삭하게 구워 먹는 것을 선호한다. 반면, 프랑스어권에서는 감자를 퓌레(Puree) 형태로 부드럽게 요리하는 것을 더 즐긴다.

이런 차이 때문에, 한때 "뢰슈티는 정말 스위스 전통 요리인가?"라는 논란도 있었다. 프랑스어권에서는 "스위스의 감자 요리는 뢰슈티뿐만 아니라 '폼므 드 테르(Pomme de terre)' 스타일도 포함되어야 한다"고 주장하기도 했다.

결국, 뢰슈티는 스위스의 감자 요리 중 하나로 자리 잡았지만, 여전히 지역적 차이를 반영하는 흥미로운 요리로 남아 있다.

전통적인 뢰슈티는 단순한 감자전이었지만, 현대에 와서는 다양한 변형이 등장했다.

치즈 뢰슈티는 스위스 에멘탈(Emmental)이나 그뤼예르(Gruyere) 치즈를 넣어 더욱 고소한 맛을 강조한다. 베이컨 뢰슈티는 스위스의 전통적인 말린 햄이나 베이컨을 추가해 풍미 강화한다. 연어 뢰슈티는 훈제 연어를 곁들여 고급스러운 버전으로 변신했다. 고기 뢰슈티 스위스식 쇠고기 스튜(게슈네첼테스)와 함께 제공되는 버전이다.

스위스의 유명 레스토랑에서는 '고급 뢰슈티'를 판매하며, 저렴한 서민 음식에서 고급 요리로 변화하는 모습을 보여주고 있다. 이제 버터에 구운 감자전 뢰슈티는 전통과 현대가 어우러진 스위스의 대표 요리로 자리 잡고 있다. 뢰슈티는 처음에는 베른 농부들의 간단한 아침 식사로 시작되었지만, 이제는 스위스의 상징적인 요리로 자리 잡았다. 작지만 다양한 문화권이 존재하는 스위스의 지역 정체성과 문화적 차이를 보여주는 음식으로 발전해왔다.

현재는 다양한 변형을 통해 고급 요리로도 발전했으며, 맥주와도 훌륭한 조화를 이루는 음식으로 사랑받고 있다. 다음번에 뢰슈티를 맛볼 때는, 그 속에 담긴 역사와 문화적 의미까지 함께 떠올리며 음미하기 바란다.

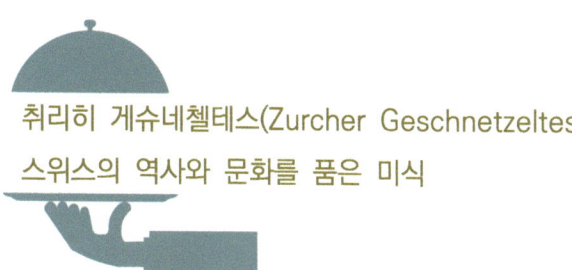

취리히 게슈네첼테스(Zurcher Geschnetzeltes)
스위스의 역사와 문화를 품은 미식

'취리히 게슈네첼테스(Zurcher Geschnetzeltes)'는 스위스 취리히 지역을 대표하는 전통 요리로, 얇게 저민 송아지 고기를 크리미한 화이트 와인 소스와 함께 조리한 것이 특징이다. 부드러운 육질과 풍미 깊은 소스가 어우러져, 감자 뢰슈티(Rosti)와 함께 제공되는 것이 일반적이다.

이 요리는 19세기 후반 스위스 독일어권에서 처음 등장한 것으로 알려져 있다. 당시 스위스는 유럽의 주요 교역 중심지로 발전하고 있었으며, 특히 취리히는 경제적으로 번성한 도시 중 하나였다.

이러한 배경 속에서 취리히의 부유한 상류층 가정과 고급 레스토랑에서 손쉽게 조리할 수 있는 크리미한 송아지 요리가 인기를 끌기 시작했다. 프랑스 요리에서 영향을 받은 크림과 화이트 와인 소스를 사용하는 방식이 스위스 요리에 접목되면서, 현재의 취리히 게슈네첼테스가 탄생했다. 이 요리는 스위스의 풍부한 유제품(크림, 버터)과 육류(송아지 고기)를 활용한 요리로 당시 상류층의 미식 문화와 잘 맞아떨어졌다.

'Geschnetzeltes(게슈네첼테스)'라는 단어는 독일어로 '얇게 저민 고기'를 의미한다. 즉, 'Zurcher Geschnetzeltes'는 '취리히 스타일의 얇게 저민 고기 요리'라는 뜻이다. 전통적으로 이 요리에는 송아지 고기가 사용되지만, 이후 다양한 변형이 등장하면서 닭고기나 돼지고기를 활용한 버전도 생겨났다.

초기에는 귀족과 상류층이 즐기던 요리였지만, 20세기 이후 레시피가 대중화되면서 스위스 전역에서 쉽게 접할 수 있는 요리가 되었다. 감자 뢰슈티(Rosti)와 함께 제공되는 조합이 인기를 끌면서 스위스 가정에서도 자주 만들어 먹는 요리가 되었다. 이 요리가 본격적으로 대중화된 것은 20세기 중반, 스위스 경제가 급성장하면서였다. 1950~1960년대 스위스는 전후(戰後) 경기 호황을 누렸고, 외식 문화가 자리 잡으면서 전통적인 가정식 요리도 레스토랑 메뉴로 자리 잡기 시작했다. 이제 취리히의 고급 레스토랑들이 지역 특산 요리를 개발하고 홍보하는 과정에서 취리히 게슈네첼테스가 대표 음식으로 자리 잡았다.

현재는 스위스뿐만 아니라 독일, 오스트리아, 프랑스 등 유럽 여러 지역에서도 즐기는 대표적인 스위스 요리 중 하나로 자리 잡았다.

전통적인 취리히 게슈네첼테스는 송아지 고기, 크림, 화이트 와인, 양파, 버터, 레몬즙, 소금, 후추 등으로 만들어진다. 하지만 최근에는 다음과 같은 다양한 변형이 등장했다.

양송이 또는 포르치니 버섯을 넣어 더욱 깊은 풍미를 강조하거나, 송아지 고기 대신 닭고기를 사용하여 보다 저렴하고 쉽게 조리할 수 있도록 변형하기도 했다. 고급 레스토랑에서는 푸아그라(거위 간)나 트러플을 추가해 풍미를 한층 업그레이드한 버전을 제공하기도 한다.

크리미한 소스와 부드러운 송아지 고기의 조화로운 맛을 살려줄 맥주는 무엇일까? 바이젠비어(Weißbier / Hefeweizen) 부드러운 밀맥주의 고소함과 바나나, 정향 향이 크림소스와 조화를 이룬다. 골든 에일(Golden Ale)의 가벼운 몰트 향과 적당한 청량감이 송아지 고기와 잘 어울린다. 필스너(Pilsner) 스타일은 크림 소스의 무거움을 잡아주며, 깔끔한 마무리를 선사한다.

취리히 게슈네첼테스 크림소스 고기 요리는 스위스의 역사와 미식 문화를 부드럽게 녹여내고 있다. 19세기 취리히의 부유한 상류층에서 시작된 고급 요리로 20세기 이후 대중화되어 국민적인 요리로 자리 잡았다. 현대에는 다양한 변형과 함께 스위스뿐만 아니라 유럽 전역에서 사랑받는다.

SPAIN
스페인

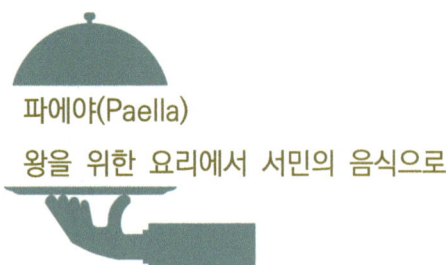

파에야(Paella)
왕을 위한 요리에서 서민의 음식으로

'파에야(Paella)'는 스페인 '발렌시아(Valencia)' 지역에서 유래한 대표적인 쌀 요리로, 스페인의 전통 요리 중 가장 잘 알려진 음식 중 하나다. 하지만 오늘날 우리가 알고 있는 해산물 파에야와는 달리, 원래 파에야는 토끼, 닭고기, 콩, 채소 등을 넣어 만든 것이었다.

'Paella'라는 단어는 사실 요리의 이름이 아니라, 요리를 만드는 넓고 얕은 팬(프라이팬)을 의미한다. 이 요리의 기원은 중세 시대까지 거슬러 올라간다. 아랍인들이 스페인을 지배하던 시기에 발렌시아 지역에서 쌀 재배가 본격적으로 시작되면서 탄생했다. 쌀 문화가 정착된 후, 농부들이 들판에서 일하면서 남은 식재료를 한데 모아 즉흥적으로 요리한 것이 파에야의 시작이라고 전해진다.

파에야가 처음 등장한 시기는 15~16세기 무렵으로 알려져 있다. 당시 스페인은 유럽 내에서도 쌀을 재배하는 몇 안 되는 지역이었고, 쌀 요리는 주로 귀족과 왕실을 위한 고급 요리로 여겨졌다. 하지만 시간이 지나면서 농부와 노동자들도 쌀을 쉽게 구할 수 있게 되었고, 주변에서 쉽게 구할 수 있는 고기와 채소를 넣어 만든 실용적인 한 끼 식사로 자리 잡게 되었다.

전통적인 '발렌시아식 파에야(Paella Valenciana)'는 토끼, 닭고기, 채소, 콩, 사프란을 넣어 조리하지만, 오늘날 관광객들에게 가장 유명한 파에야는 '해산물 파에야(Paella de Marisco)'다. 해산물 파에야는 19세기 중반 이후 발렌시아 해안가에서 새롭게 발전한 요리로, 조개, 홍합, 새우, 오징어 등을 넣고 만든다.

파에야는 고급 요리로 알려져 있지만, 원래는 스페인 발렌시아 지역의 농부들과 노동자들이 먹던 소박한 한 끼 식사였다. 18~19세기경 농부들은 들판에서 일하다가 손쉽게 조리할 수 있도록 한 냄비에 모든 재료를 넣고 밥을 지어 먹었고, 주변에서 쉽게 구할 수 있는 재료(토끼, 닭고기, 채소 등)를 사용했다.

하지만 시간이 지나면서 해산물, 사프란 같은 고급 재료가 추가되었고, 현재는 고급 레스토랑에서 제공되는 프리미엄 요리로 자리 잡았다.

파에야에서 가장 중요한 요소 중 하나는 '사프란(Saffron)'이다. 이란과 중동에서 유래한 사프란은 8세기경 아랍인들이 스페인으로 전파한 향신료로, 고유의 향과 노란빛을 띠는 색깔이 특징이다. 파에야가 오늘날처럼 황금빛을 띠게 된 것은 사프란 덕분이며, 이 때문에 파에야는 단순한 쌀 요리를 넘어 지중해의 풍미를 담은 고급 요리로 자리 잡게 되었다.

하지만 사프란은 세계에서 가장 비싼 향신료 중 하나이기 때문에 일부 레스토랑이나 저렴한 파에야 전문점에서는 사프란 대신 착색료(황색 색소)를 사용하여 노란색을 내는 경우가 많다.

이에 대해 정통 요리사들은 강한 반감을 보이며, "진짜 파에야는 사프란으로 색을 내야 하며, 인공 색소로 만든 것은 가짜다!"라고 주장한다.

파에야가 세계적으로 유명해지면서 정통성을 둘러싼 논란도 끊이지 않는다. 특히 발렌시아 사람들은 '진짜 파에야(Paella Valenciana)'를 고집하며, 다른 버전은 인정하지 않는 경우가 많다. 발렌시아 전통 파에야는 토끼, 닭고기, 콩, 토마토, 사프란, 올리브 오일, 물 등 정해진 재료만 사용해야 하며, 해산물이 들어간 파에야는 변형된 요리로 본다.

이 때문에 스페인의 다른 지역이나 해외에서 해산물 파에야가 '스페인 전통 요리'로 소개될 때마다 발렌시아 사람들은 이를 강하게 반박하며 "해산물 버전은 결코 정통 파에야가 아니다!"라고 주장하기도 한다.

전통적인 파에야는 나무 장작불에서 철저하게 수분을 조절하며 조리하는 방식이었지만, 현대에는 가스레인지나 오븐을 활용한 조리법도 널리 퍼졌다. 발렌시아 현지에서는 여전히 야외에서 커다란 파에야 팬을 이용해 직접 요리하는 모습을 볼 수 있다.

파에야의 풍미를 더욱 돋보이게 하려면, 요리에 맞는 맥주 페어링이 중요하다. 필스너(Pilsner)의 가벼운 바디와 깔끔한 목넘김이 파에야의 향신료 풍미와 잘 어울린다. 벨지안 화이트(Belgian Witbier) 감귤류의 상큼한 향이 해산물 파에야의 감칠맛을 더욱 강조해준다. 골든 에일(Golden Ale)의 부드러운 몰트 풍미가 사프란과 조화를 이루며 파에야의 고소한 맛을 살려준다.

스페인 발렌시아에서는 매년 세계에서 가장 큰 파에야를 만드는 대회가 열린다. 이 행사에서는 직경 수 미터에 달하는 거대한 파에야 팬에 수천 명이 먹을 수 있는 파에야를 조리하며, 종종 기네스 기록에 도전하기도 한다.

가장 유명한 기록은 1992년 발렌시아에서 만들어진 '세계에서 가장 큰 파에야'로, 약 1,093kg의 쌀과 2,800kg의 닭고기, 500리터의 올리브 오일이 사용되었다.

'Paella'라는 단어가 '사랑을 위해(Para ella)'에서 유래했다는 설이 있다. 즉, 한 남자가 사랑하는 여인을 위해 만든 요리가 파에야라는 로맨틱한 이야기가 전해진다. 하지만 이는 후대에 만들어진 낭만적인 해석일 뿐이며, 실제로는 파에야를 만드는 팬(프라이팬)을 뜻하는 카탈루냐어 'paella'에서 유래한 것으로 본다.

스페인의 맥도날드는 한때 '맥파에야(McPaella)'라는 메뉴를 출시한 적이 있다. 그러나 전통적인 파에야를 즐기던 스페인 사람들에게는 큰 인기를 끌지 못했고, 결국 빠르게 단종되었다.

이처럼 파에야는 전통과 논란 그리고 대중문화 속에서 끊임없이 변화하는 스페인의 상징적인 음식이다. 전통과 현대가 조화를 이루며 발전한 파에야는 오늘날 전 세계적으로 사랑받는 대표적인 스페인 요리로 자리 잡았다.

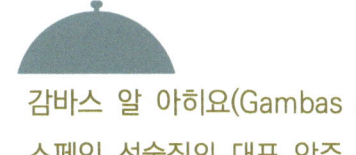

감바스 알 아히요(Gambas al Ajillo)
스페인 선술집의 대표 안주

'감바스 알 아히요(Gambas al Ajillo)'는 스페인의 대표적인 '타파스(Tapas)' 요리 중 하나로, 올리브 오일과 마늘(Ajo), 고추(Guindilla)로 새우(Gambas)를 볶아 만든 요리이다.

이 요리는 바삭한 바게트 빵과 함께 제공되며, 마늘과 올리브 오일의 깊은 풍미가 새우와 어우러져 강렬하면서도 고소한 맛을 자랑한다.

과거 스페인의 해안 지역에서 일하던 어부들과 노동자들은 신선한 해산물을 쉽게 구할 수 있었지만, 이를 보존할 방법이 부족했다. 따라서 강한 풍미를 가진 마늘과 올리브 오일을 이용해 새우를 빠르게 조리하는 방식이 자연스럽게 자리 잡았다. 특히, 안달루시아 지방에서 시작된 이 요리는 저렴한 가격과 간편한 조리법 덕분에 선술집(타파스 바)에서 인기를 끌었다.

감바스 알 아히요의 기원은 스페인 남부 안달루시아(Andalucia) 지역에서 시작되었다고 알려져 있다. 안달루시아는 신선한 해산물이 풍부한 지역으로, 올리브 오일과 마늘을 활용한 요리 문화가 발달했다. 특히, 16세기 이후 신대륙에서 들여온 '칠리페퍼(Guindilla)'가 추가되면서 감바스 알 아히요의 풍미가 더욱 강렬해졌다.

스페인은 세계적인 올리브 오일 생산국이며, 마늘 역시 중세 시대부터 강한 항균 효과와 건강 효능이 알려져 있어 다양한 요리에 사용되었다. 감바스 알 아히요의 마늘과 올리브 오일 조합은 절묘한 맛의 조화를 이루며 스페인의 식문화에서 건강과 장수의 상징으로 여겨졌다.

이후 감바스 알 아히요는 스페인 전역에서 사랑받게 되었으며, 특히 마드리드의 타파스 바(Tapas Bar)에서 인기 메뉴로 자리 잡았다.

스페인에서는 술을 마실 때 가볍게 곁들일 수 있는 안주 개념의 요리를 '타파스(Tapas)'라고 부르는데, 감바스 알 아히요는 타파스 문화와 완벽하게 어울리는 요리였다. 올리브 오일과 마늘의 깊은 향이 와인이나 맥주와 잘 어울린다. 소스에 빵을 찍어 먹을 수 있어 한 가지 요리로도 충분한 만족감 제공한다. 이러한 이유로 감바스 알 아히요는 스페인의 펍과 바에서 맥주 또는 화이트 와인과 함께 즐기는 대표적인 요리가 되었다.

전통적인 감바스 알 아히요는 올리브 오일, 마늘, 새우, 고추가 기본이지만, 지역과 조리법에 따라 다양한 변형이 등장했다. 카탈루냐(Cataluna) 지역에서는 파프리카를 추가하여 풍미를 더한 버전이 인기를 끌었다. 바스크(Basque) 지역에서는 화이트 와인이나 브랜디를 넣어 감칠맛을 높였다. 현대에는 버터를 추가해 더 부드럽고 고소한 맛을 강조하는 감바스 알 아히요도 등장하고 있다.

감바스 알 아히요는 올리브 오일의 고소함과 마늘의 깊은 풍미, 그리고 고추의 매콤함이 조화를 이루기 때문에, 가볍고 청량한 맥주와 잘 어울린다.

페일 라거(Pale Lager)의 가벼운 바디감과 청량함이 감바스 알 아히요의 기름진 맛을 깔끔하게 정리해준다. 벨지안 화이트(Belgian Witbier)의 부드러운 밀맥주의 풍미가 마늘과 새우의 고소한 맛을 더욱 돋보이게 한다. 페일 에일(Pale Ale)의 약간의 홉 향과 과일 향이 감바스 알 아히요의 매콤한 풍미와 잘 어울린다.

감바스 알 아히요는 스페인의 해안 지역에서 시작되어 타파스 문화와 결합하며 전 세계적으로 사랑받는 요리가 되었다. 그 깊고 강렬한 풍미 덕분에 맥주나 와인과 훌륭한 페어링을 이루며, 현재는 스페인뿐만 아니라 유럽과 미국에서도 인기 있는 스페인식 해산물 요리로 자리 잡고 있다.

감바스 알 아히요는 스페인의 역사와 식문화를 담은 음식으로, 서민들의 삶에서 시작해 전 세계 미식가들의 사랑을 받는 요리가 되었다. 오늘날에도 감바스 알 아히요는 따뜻한 올리브 오일과 마늘 향이 가득한 팬에서 지글지글 끓으며, 스페인의 정취를 한껏 느끼게 해준다.

하몽 이베리코(Hamon Iberico)
36개월 숙성, 도토리만 먹고 자란 방목돼지

'하몽 이베리코(Hamon Iberico)'는 스페인을 대표하는 전통 건조 생햄으로, 이베리아 반도에서만 사육되는 흑돼지(이베리코 돼지)로 만들어진다. 깊고 풍부한 풍미를 자랑하며, 수세기 동안 스페인 식문화의 상징으로 자리 잡았다.

하몽의 기원은 기원전으로 거슬러 올라간다. 스페인 지역에서 돼지고기를 보존하는 방법으로 건조와 염장을 이용한 기술이 발전한 것은 로마 시대부터다. 로마인들은 이베리아 반도의 돼지고기의 품질을 높이 평가했고, 이를 장기간 보관할 수 있도록 소금에 절여 말리는 방식(즉, '하몽' 제조법)을 발전시켰다.

중세 시대 스페인은 이슬람의 지배를 받았는데, 이 시기에는 돼지고기가 이슬람 율법상 금기 음식이었기 때문에 하몽 문화가 위축되었다. 그러나 기독교 세력이 다시 지배권을 되찾아가면서 돼지고기는 다시 중요한 식품이 되었으며, 하몽도 스페인 식문화의 중심이 되었다.

하몽 이베리코의 독특한 맛과 품질은 이베리코 돼지 품종에서 비롯된다. 이베리코 돼지는 스페인과 포르투갈에서만 자생하는 특별한 품종이다. 주로 스페인의 서부와 남부 지역에서 길러진다. 특히 도토리(베요타)를 먹고 자연 방목되는 돼지들이 가장 높은 품질을 자랑한다. 이들의 지방 함량과 마블링이 하몽 이베리코 특유의 부드러운 식감과 깊은 풍미를 만들어낸다.

하몽 이베리코는 전통적인 방식으로 오랜 기간 숙성된다. 먼저 돼지고기를 소금에 절여 보존한 후, 몇 주 동안 자연 건조 과정을 거친다. 이후 긴 숙성 과정(최소 2년에서 최대 4년 이상)을 통해 깊고 고소한 맛이 완성된다. 최상급 하몽 이베리코인 '하몽 이베리코 데 베요타(Jamon Iberico de Bellota)'는 방목돼지가 도토리만을 먹고 자라며, 36개월 이상의 숙성을 거친다.

오늘날 하몽 이베리코는 전 세계적으로 사랑받는 고급 식재료로 자리 잡았다. 스페인의 미식 문화를 대표하는 음식으로, 다양한 요리와 페어링되며, 특히 와인이나 맥주와도 잘 어울린다. 이베리코 하몽은 유럽연합(EU)에서 '원산지 보호 명칭(DOP, Denominacion de Origen Protegida)'을 받은 전통 식품으로, 생산 지역과 사육 방식에 따라 엄격한 규정을 따른다.

하몽 이베리코는 고소한 지방과 짭짤한 감칠맛이 특징이므로, 맥주와의 조화도 뛰어나다. 고제(Goser)의 가벼운 바디와 상큼한 과일의 향이 하몽의 기름진 맛을 상쾌하게 씻어준다. 앰버 에일(Amber Ale)의 은은한 카라멜 향과 몰트의 깊은 풍미가 하몽의 감칠맛과 균형을 이룬다. 벨지언 세종(Saison)의 은은한 향신료 향과 드라이한 피니시가 하몽 이베리코와 잘 어울린다.

스페인 사람들의 소울푸드 하몽 이베리코는 수천 년에 걸친 스페인의 전통과 자연이 만들어낸 미식의 정수다. 오늘날까지도 스페인인들은 하몽을 단순한 음식이 아닌 문화의 한 부분으로 소중히 여기고 있다.

하몽 이베리코(Jamon Iberico)는 스페인의 미식 문화에서 가장 중요한 식품 중 하나로, 오랜 역사와 전통을 자랑한다. 그러나 이 고급 생햄을 둘러싼 이야기는 단순한 미식의 즐거움만이 아니다. 그 이면에는 생산 과정의 까다로움, 환경적·윤리적 논란 그리고 위조 제품 문제까지 다양한 논란이 존재한다.

하몽 이베리코는 흔히 '이베리코 돼지(Pata Negra, 검은 발)'에서 나온다고 알려져 있지만, 사실 모든 하몽 이베리코가 100% 순수한 이베리코 혈통에서 만들어지는 것은 아니다. 법적으로 하몽 이베리코로 인정받기 위해서는 이베리코 돼지의 혈통이 최소 50% 이상이어야 하지만, 최상급인 '하몽 이베리코 데 베요타(Jamon Iberico de Bellota)'는 100% 순수 혈통을 유지해야 한다.

하지만 일부 생산업체에서는 혈통 비율을 모호하게 표기하거나, 순수 혈통이 아닌 돼지를 사용하면서도 고급 제품으로 판매하는 경우가 있어 소비자들은 구매 시 D.O.P. (Denominacion de Origen Protegida, 원산지 보호 명칭) 인증을 반드시 확인해야 한다.

가장 비싼 하몽 이베리코인 '데 베요타'는 도토리(bellota)를 먹고 자란 돼지에서 생산되며, 특유의 깊은 풍미와 마블링이 특징이다. 그러나 도토리를 먹인다고 해서 무조건 최고급이 되는 것은 아니다. 도토리뿐만 아니라 방목 환경, 운동량, 성장 기간 등이 품질에 큰 영향을 미친다. 반대로, 일부 업체들은 '도토리 먹인 돼지'라는 이름을 붙이기 위해 겨우 몇 주간 도토리를 급여한 뒤 제품을 시장에 내놓기도 한다.

전통적으로 하몽 이베리코 생산은 광대한 초지(Dehesa)에서 방목되는 돼지들 덕분에 환경친화적이라고 여겨졌다. 그러나 최근에는 기후 변화와 초지의 감소로 인해 지속 가능성이 문제로 떠오르고 있다. 돼지 한 마리가 도토리를 충분히 먹고 자라기 위해서는 약 1~2헥타르의 초지가 필요하다. 그러나 기후 변화로 인해 도토리 생산량이 줄어들면서 전통적인 방식으로 키운 최상급 하몽을 유지하는 것이 점점 어려워지고 있다.

하몽 이베리코의 인기가 전 세계적으로 높아지면서 위조 제품도 늘어나고 있다. 스페인에서는 공식적으로 등급을 관리하며 생산지를 인증하는 시스템을 운영하고 있지만, 해외에서는 비슷한 방식으로 가공된 제품이 '이베리코 스타일'이라는 이름으로 판매되기도 한다.

중국과 미국 등에서는 이베리코 돼지가 아닌 일반 돼지로 만든 생햄을 '이베리코'라는 이름으로 마케팅하는 사례가 발생해 논란이 일었다. 이에 스페인 정부는 '하몽 이베리코'라는 명칭 보호를 강화하고 있으며, 정품을 판별할 수 있는 QR 코드 시스템을 도입하는 등 소비자 보호를 위한 노력을 기울이고 있다.

하몽 이베리코의 생산 과정은 동물 복지 측면에서 논란이 되기도 한다. 도토리를 먹으며 넓은 초지를 자유롭게 돌아다니는 돼지들은 비교적 행복한 환경에서 자란다고 볼 수 있지만, 일부 공장식 농장에서 키워지는 하몽 이베리코 돼지들은 그렇지 못하다.

특히, 도토리를 먹이지 않고 곡물 사료를 급여하는 '세보(Cebo)' 등급의 돼지들은 좁은 공간에서 사육되며, 이에 대한 비판이 지속적으로 제기되고 있다. 이에 따라 전통적인 방식으로 생산된 '데 베요타' 등급이 더욱 가치 있는 것으로 평가받고 있다. 소비자들 역시 윤리적 소비를 고려한 선택을 요구하는 목소리를 높이고 있다.

하몽 이베리코는 진정한 스페인의 전통과 자부심이 담긴 문화적인 상징이다. 그 이면에는 혈통 논란, 환경 문제, 위조 제품, 동물 복지 등 다양한 논란이 얽혀 있다.

그럼에도 불구하고, 진정한 하몽 이베리코를 맛볼 수 있는 기회는 여전히 특별하다. 소비자들이 정품을 구별하는 방법을 익히고, 윤리적이고 지속 가능한 제품을 선택한다면, 이 전통적인 미식 문화를 더 오래 보존할 수 있을 것이다.

또르띠야 에스빠뇰라(Tortilla Espanola)
전쟁터 병사들의 영양식

또르띠야 에스빠뇰라(Tortilla Espanola), 혹은 스페인식 오믈렛은 감자와 계란을 주재료로 하는 스페인의 대표적인 전통 요리이다. 지역에 따라 '또르띠야 데 빠따따스(Tortilla de Patatas)'라고도 불리며, 간단한 재료로 만들어지지만 깊은 역사와 논란을 담고 있다.

또르띠야 에스빠뇰라의 기원은 정확하게 문서화되지 않았지만, 19세기 초반에 처음 등장한 것으로 추정된다. 가장 널리 퍼진 전설 중 하나는 19세기 나폴레옹 전쟁 당시(1808~1814년) 스페인 북부 나바라(Navarra) 지방에서 시작되었다는 이야기다.

이 전설에 따르면 1817년 나바라 지역의 장군 '토마스 데 소모라(General Tomas de Zumalacarregui)'가 전쟁 중 병사들에게 간단하면서도 영양가 높은 음식을 제공하기 위해 또르띠야를 고안했다고 한다. 계란과 감자는 구하기 쉬운 재료였고, 튀긴 감자와 계란을 함께 요리하면 적은 재료로도 많은 인원을 먹일 수 있었다.

또 다른 기원설은 16세기 스페인의 식민지 확장과 관련이 있다. 감자는 원래 안데스 지역(현 페루, 볼리비아 등)에서 유럽으로 전해졌으며, 처음에는 왕실과 귀족들만 먹는 식재료였다. 이후 감자가 대중화되면서 18~19세기에 걸쳐 또르띠야 에스빠뇰라가 널리 퍼졌다는 주장도 있다.

또르띠야 에스빠뇰라에 대한 가장 큰 논란 중 하나는 양파(cebolla) 포함 여부이다. 전통적으로 계란과 감자만을 사용한 레시피가 기본이지만, 일부 지역에서는 양파를 추가해 더욱 깊은 맛을 낸다. 이에 따라 '양파 찬성파(con cebolla)'와 '양파 반대파(sin cebolla)'로 나뉘는 열띤 논쟁이 있다.

이 논쟁은 스페인의 미식 프로그램, 요리책, 심지어 정치인들 사이에서도 화제가 될 정도로 스페인 국민들에게 중요한 문제다. 2020년에는 유명 셰프 '다비드 데 호르헤(David de Jorge)'가 "양파 없는 또르띠야가 진짜다!"라고 주장하면서 논쟁이 다시 불거지기도 했다.

또한 현대에 와서는 치즈, 초리조(Chorizo), 피망 등을 추가한 변형된 또르띠야도 많이 등장하고 있다.

또르띠야 에스빠뇰라는 고소한 감자와 부드러운 계란의 조합이 특징으로 크리스털 바이젠(Crystal Weizen)의 크리스피한 탄산감과 깔끔한 맛이 또르띠야의 기름진 식감을 잡아준다. 마르첸(MArzen)의 몰트 풍미와 건과일 향이 감자의 단맛을 돋보이게 한다. 벨지언 윗(Belgian Wit)의 가벼운 허브와 향신료 풍미가 양파가 들어간 또르띠야와 잘 어울린다.

스페인에서는 맥주와 함께 또르띠야를 작은 조각으로 잘라 타파스(Tapas) 스타일로 즐기는 경우가 많다. 맥주 한 잔과 함께 곁들이면 부담 없이 가볍게 즐길 수 있는 최고의 스페인 전통 안주가 된다.

또르띠야 에스빠뇰라는 스페인의 국민 요리로 자리 잡았지만, 그 기원과 발전 과정에는 흥미로운 이야기와 논란이 많다. 특히 감자가 유럽에 전해지기 전에는 존재하지 않았던 요리이며, 정치적·문화적 배경 속에서 변형과 논쟁이 이어져 왔다.

스페인은 또르띠야에 대한 애정이 남다르기 때문에 기네스북 기록을 세우기 위해 거대한 또르띠야를 만드는 시도도 있었다. 2014년 스페인 비토리아(Vitoria) 지역에서는 1,600kg의 감자와 16,000개의 계란을 사용한 세계에서 가장 큰 또르띠야를 만들어 기네스북 기록에 도전했다. 이 거대한 또르띠야는 수천 명이 함께 나눠 먹었으며, 스페인 전역에서 화제가 되었다.

오늘날 스페인의 미슐랭 스타 셰프들이 또르띠야를 고급스럽게 재해석하며 현대적인 스페인 요리로 발전시키고 있다. 스페인 어디를 가든 또르띠야 에스빠뇰라는 빠질 수 없는 요리다. 하지만 그

안에는 감자의 전래, 전쟁 속에서의 탄생, 논란 많은 조리법 그리고 기네스북 도전까지 다양한 이야기가 담겨 있다.

스페인 사람들에게 또르띠야는 그들의 역사와 문화 그리고 정체성을 상징하는 음식이다. 맥주 한 잔과 함께 또르띠야를 맛볼 때, 그 속에 담긴 흥미로운 이야기들을 떠올려보는 것도 재미있는 경험이 될 것이다.

BELGIUM

벨기에

물르 프리(Moules-Frites)
홍합과 감자튀김의 절묘한 조합

벨기에를 대표하는 요리인 '물르 프리(Moules-Frites)'는 신선한 홍합을 화이트 와인, 샐러리, 양파, 크림 또는 맥주와 함께 조리한 후, 바삭한 감자튀김(프리츠, Frites)과 함께 제공하는 요리다. 홍합과 감자튀김이라는 너무나 심플한 조합이지만, 벨기에 전통 요리 문화에서 빼놓을 수 없는 음식으로 자리 잡았다.

홍합 요리의 기원은 벨기에뿐만 아니라 네덜란드, 프랑스 북부에서도 찾아볼 수 있다. 벨기에에서 물르 프리가 국민 음식으로 자리 잡게 된 이유는 지리적 특징과 식문화의 발전 덕분이다.

벨기에는 북해(North Sea)에 접해 있어 신선한 해산물을 쉽게 구할 수 있었다. 홍합은 저렴하고 영양가가 높아 노동자 계층 사이에서 인기가 많았다.

17세기부터 벨기에 지역에서 감자를 튀겨 먹는 문화가 자리 잡았고, 19세기 말부터 감자튀김이 본격적으로 대중화되면서 홍합과 함께 즐기는 음식으로 발전했다.

프랑스 북부에서도 홍합 요리가 인기가 많았지만, 벨기에는 이를 더욱 발전시켜 홍합을 다양한 방식으로 조리하고, 감자튀김과 함께 제공하는 독특한 스타일을 정착시켰다.

19세기부터 브뤼셀과 플랑드르 지역의 선술집과 레스토랑에서 물르 프리를 정식 요리로 제공하기 시작했으며, 점차 벨기에 전역으로 퍼져나갔다. 오늘날에는 벨기에를 방문하면 꼭 맛봐야 할 대표적인 요리로 자리 잡았다.

물르 프리는 다양한 소스로 조리되기 때문에 맥주 페어링도 다양하게 가능하다. 클래식 화이트 와인 소스 물르는 벨지안 블론드(Belgian Blonde), 세종(Saison), 크림 베이스 물르는 트리펠(Tripel), 벨지안 화이트(Belgian Witbier), 맥주 베이스 물르는 둔켈(Dubbel), 벨지안 브라운 에일(Belgian Brown Ale) 등과 페어링을 추천한다. 벨기에의 깊은 맥주 문화와 조화를 이루며, 맥주의 다양한 풍미가 물르 프리의 감칠맛을 더욱 돋보이게 한다.

많은 사람들이 물르 프리가 오랫동안 감자튀김과 함께 먹어온 전통 음식이라고 생각하지만, 사실 초창기에는 빵과 함께 제공되는 경우가 많았다. 감자튀김이 일반적으로 곁들여지게 된 것은 19세기 후반, 브뤼셀과 플랑드르 지역에서 감자튀김이 대중화되면서부터다. 당시 거리 음식으로 인기를 끌던 감자튀김이 홍합 요리와 함께 제공되면서 지금의 '물르 프리' 조합이 탄생했다.

일화에 따르면, 한 식당 주인이 빵이 떨어지자 즉흥적으로 감자튀김을 곁들여 제공했는데, 손님들의 반응이 너무 좋아 이후 정식 메뉴로 자리 잡았다고 한다.

벨기에는 물르 프리를 자국의 대표 음식으로 여겨왔지만, 프랑스 북부 지역에서도 같은 요리를 즐겨 먹는다. 릴(Lille)과 노르망디(Normandy) 지역에서는 벨기에만큼이나 물르 프리를 사랑한다. 이 때문에 벨기에와 프랑스 사이에서 '누가 원조인가?'에 대한 논쟁이 이어지고 있다.

벨기에 사람들은 자신들이 감자튀김(Frites)의 발상지이므로, 감자튀김과 함께 먹는 물르 프리 역시 벨기에 고유의 음식이라고 주장한다. 반면 프랑스 측에서는 홍합 요리 자체가 오래전부터 프랑스 북부 지역에서 발전해왔기 때문에 자신들도 기원에서 밀리지 않는다고 반박한다.

벨기에는 맥주가 유명한 나라답게, 물르 프리도 지역별로 다양한 맥주를 활용해 조리하는 방식이 존재한다. 브뤼헤(Bruges)와 겐트(Ghent)에서는 화이트 비어(White Beer)나 트라피스트(Trappist) 맥주를 넣고 조리하는 방식이 인기를 끌고 있다.

흥미로운 점은, 20세기 초반까지만 해도 물르 프리는 주로 화이트 와인과 함께 조리되었으며 맥주를 사용한 레시피는 비교적 최근에 발전했다는 것이다. 그러나 벨기에의 풍부한 맥주 문화가 요리에도 자연스럽게 스며들면서, 오늘날에는 맥주 베이스의 물르가 가장 인기 있는 조리법 중 하나가 되었다.

벨기에는 1인당 홍합 소비량이 세계에서 가장 많은 나라 중 하나다. 연간 3만 톤 이상의 홍합이 소비되며, 벨기에인들은 1년에 평균 56회 이상 물르 프리를 먹는 것으로 알려져 있다. 특히 매년 브뤼셀에서 열리는 '홍합 시즌(Mussel Season)'이 시작되는 7~8월에는 레스토랑마다 물르 프리를 찾는 인파로 북적인다.

물르 프리는 이제 벨기에 사람들에게는 하나의 문화이자 전통으로, 관광객들에게는 반드시 찾아야할 관광상품으로 자리 잡은 요리인 것이다.

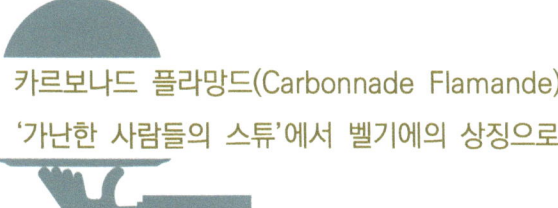

카르보나드 플라망드(Carbonnade Flamande)
'가난한 사람들의 스튜'에서 벨기에의 상징으로

'카르보나드 플라망드(Carbonnade Flamande)'는 벨기에 플랑드르(Flanders) 지역을 대표하는 전통적인 스튜 요리로, 소고기를 벨기에 맥주와 양파, 허브 등과 함께 천천히 끓여 만드는 깊고 진한 풍미가 특징이다. 프랑스의 '뵈프 부르기뇽(Boeuf Bourguignon)'과 비교되곤 하지만, 와인 대신 맥주를 사용하는 것이 가장 큰 차이점이다.

카르보나드 플라망드(Carbonnade Flamande)라는 이름에서 '카르보나드(Carbonnade)'는 '숯(Carbon)'이라는 단어에서 유래했다. 이는 원래 숯불에 구운 고기를 의미했으나, 시간이 지나면서 고기를 천천히 졸여 만드는 요리를 뜻하게 되었다. '플라망드(Flamande)'는 벨기에 플랑드르 지방을 의미하며, 즉 '플랑드르식 고기 스튜'라는 뜻을 갖는다.

이 요리는 17~18세기경부터 벨기에 지역에서 전통적으로 만들어지기 시작했으며, 당시 벨기에는 맥주 문화가 발달한 지역이었기 때문에 와인 대신 맥주를 이용한 요리가 자연스럽게 자리 잡았다. 중세 유럽에서는 고기를 장시간 보존하거나 연하게 만드는 조리법이 필수적이었고, 맥주로 고기를 천천히 익히는 방식이 널리 퍼지면서 카르보나드 플라망드가 대표적인 요리로 발전했다.

카르보나드 플라망드는 중세 시대 벨기에 농부들과 노동자들이 즐겨 먹던 음식이었다. 소고기가 귀한 시절, 값싼 질긴 고기를 부드럽게 만들기 위해 맥주로 오랜 시간 조리한 것이 이 요리의 시작이다. 초기에는 부유층이 아닌 일반 대중이 먹던 음식이었지만, 시간이 지나면서 벨기에의 대표적인 전통 요리로 자리 잡게 되었다.

카르보나드 플라망드에는 종종 전통적으로 '생강빵(speculoos 또는 pain d'epices)'이 추가된다. 이는 스튜의 농도를 조절하고 달콤하면서도 깊은 풍미를 더하는 중요한 요소다. 원래는 가난한 농민들이 소스를 걸쭉하게 만들기 위해 남은 빵을 스튜에 넣었던 것이 기원이었지만, 오늘날에는 일부 레시피에서 필수 요소로 자리 잡았다.

벨기에는 세계적으로 유명한 맥주 강국이며, 중세 수도원에서 양조한 맥주들이 특히 유명하다. 카르보나드 플라망드는 이러한 벨기에식 맥주와 떼려야 뗄 수 없는 관계를 가지고 있다.

이 요리에 사용되는 맥주는 일반적인 라거가 아니다. 깊은 풍미와 약간의 단맛이 있는 벨기에식 브라운 에일(Belgian Brown Ale)이나 두벨(Dubbel), 트라피스트(Trappist) 맥주 같은 다크 맥주다. 이러한 맥주는 요리에 독특한 단맛과 깊은 풍미를 더해주며, 캐러멜화된 양파와 함께 조화를 이룬다.

벨지안 브라운 에일(Belgian Brown Ale)은 요리에서 사용된 것과 동일한 종류의 맥주를 곁들이면 풍미가 더욱 깊어진다. 트라피스트 두벨(Dubbel) 또는 쿼드루펠(Quadrupel) 등 다크한 맥주의 과일 향과 달콤한 몰트 향이 카르보나드의 깊은 풍미와 잘 어울린다. 벨지안 스트롱 다크 에일(Belgian Strong Dark Ale)의 달콤한 캐러멜과 말린 과일 향이 요리의 풍미를 보완해 준다.

카르보나드 플라망드는 소고기(주로 척(Chuck) 부위)를 적당한 크기로 자른 후, 밀가루를 묻혀 바삭하게 볶는다. 양파를 캐러멜화될 때까지 천천히 볶아 깊은 단맛을 끌어낸다. 맥주(전통적으로 벨기에 브라운 에일)와 함께 고기와 양파를 넣고 장시간 천천히 졸인다. 겨자, 타임, 월계수 잎 등의 허브를 넣어 풍미를 더한다. 마지막으로 벨기에의 대표적인 빵인 '페인 데피스(Pain d'epices, 생강과 향신료가 들어간 빵)' 또는 갈색 설탕을 넣어 단맛과 감칠맛을 조절한다. 이렇게 조리된 카르보나드 플라망드는 진한 풍미를 가지면서도 부드러운 질감이 특징이며, 벨기에식 감자튀김(Frites)이나 삶은 감자, 크러스트 빵과 함께 제공되는 것이 일반적이다.

오늘날 카르보나드 플라망드는 벨기에를 대표하는 전통 요리로, 플랑드르 지방뿐만 아니라 전 세계적으로도 사랑받고 있다. 벨기에의 유명한 브라세리(Brasserie)와 비스트로(Bistro)에서는 반드시 맛볼 수 있는 메뉴이며, 가정에서도 쉽게 조리할 수 있는 요리로 여겨진다.

현대에는 다양한 변형이 존재하는데, 돼지고기를 사용하는 경우도 있으며, 초콜릿을 약간 추가하여 더욱 깊은 풍미를 내기도 한다. 하지만 기본적으로 벨기에의 진한 브라운 맥주와 함께 조리하는 방식은 여전히 유지되고 있다.

벨기에에서 시작된 카르보나드 플라망드는 프랑스 북부, 네덜란드, 룩셈부르크 등으로 퍼져나갔다. 특히 프랑스에서는 '플랑드르식 소고기 스튜'라는 의미에서 'Carbonnade a la Flamande'라고 불리며, 일부 프랑스 레스토랑에서도 볼 수 있는 요리가 되었다.

카르보나드 플라망드는 벨기에의 풍부한 맥주 문화와 깊이 연결된 요리로, 중세 시대부터 전해 내려온 플랑드르 지방의 대표적인 스튜다. 고기를 맥주와 함께 천천히 졸여 만드는 조리법은 전통적인 방식 그대로 유지되고 있다.

카르보나드 플라망드는 벨기에의 역사와 음식 문화가 응축된 요리로 지역의 정체성과 맥주 문화까지 담고 있다. 한때는 서민들의 음식이었지만, 이제는 벨기에를 방문하는 사람들이 꼭 맛봐야 하는 대표적인 미식 경험 중 하나로 자리 잡았다.

워터조이(Waterzooi)
벨기에 환경 변화와 역사적 인물의 취향까지

벨기에의 대표적인 전통 요리 중 하나인 '워터조이(Waterzooi)'는 부드러운 크림 베이스의 스튜로, 일반적으로 닭고기(키프 워터조이, Kip Waterzooi) 또는 생선(비스 워터조이, Vis Waterzooi)을 주재료로 사용한다. 오늘날에는 닭고기가 주로 사용되지만, 원래 이 요리는 생선으로 만들어졌으며, 벨기에 플랑드르 지역의 풍부한 수산 자원을 활용한 음식이었다.

워터조이는 13~14세기경 벨기에 북부 '겐트(Ghent)'에서 처음 만들어졌다고 전해진다. 플랑드르 지방은 강과 운하가 발달한 지역으로, 신선한 민물고기가 풍부하게 잡혔다. 당시 겐트의 어부들은 잉어, 장어, 농어 같은 물고기를 크림과 채소로 조리하여 영양가 높은 스튜를 만들었는데, 이것이 워터조이의 시초가 되었다.

이 요리의 이름인 'Waterzooi'는 네덜란드어로 '끓이는 물(Water: 물, Zooi: 끓이다 또는 조리하다)'을 의미한다. 즉, 물에서 익힌 요리라는 뜻으로, 당시 요리 방식이 그대로 반영된 이름이다.

과거 중세 시대 겐트 지역은 수많은 강과 운하가 흐르는 곳이었고, 이곳에서 잡히는 잉어, 메기, 장어 같은 민물고기가 워터조이의 주요 재료였다. 그러나 16~17세기에 접어들며 산업화와 도시 개발이 진행되면서 강의 오염이 심해졌고, 자연스럽게 신선한 민물고기의 공급이 줄어들었다. 이에 따라 주민들은 닭고기로 대체하여 요리를 만들기 시작했고 오늘날 우리가 흔히 접하는 '겐트식 닭고기 워터조이(Waterzooi a la Gantoise)'가 정착하게 되었다.

또한 워터조이는 16세기 신성 로마 제국 황제 '카를 5세(Charles V)'와도 관련이 깊다. 그는 벨기에 겐트에서 태어난 인물로, 유럽의 여러 지역을 통치했지만, 유독 고향인 겐트의 음식을 그리워했다고 전해진다. 역사 기록에 따르면 그는 노년에 건강이 악화되었을 때 소화가 쉬운 음식인 워터조이를 즐겨 먹었으며, 특히 생선이 아닌 닭고기로 만든 버전을 선호했다고 한다. 이 일화 덕분에 워터조이는 왕실 요리로도 인식되었으며, 지금까지도 겐트에서 가장 사랑받는 전통 요리 중 하나로 자리 잡았다.

오늘날 워터조이는 전통적인 방식 그대로 만들어지기도 하지만, 요리법이 다양하게 발전하면서 각종 허브와 크래프트 맥주를 활용하는 레시피도 등장했다. 현대적인 레스토랑에서는 더욱 부드럽고 풍미 있는 소스를 만들기 위해 생크림과 버터를 추가하는 경우가 많다.

트라피스트 트리펠(Tripel) 벨기에 수도원 맥주는 부드러운 몰트 향과 알코올의 따뜻한 감촉이 워터조이의 크리미한 질감과 잘 어울린다. 벨지안 화이트(Belgian Witbier)의 오렌지 껍질과 코리앤더 향이 가미된 벨지언 화이트 맥주는 워터조이의 가벼운 허브 향과 조화를 이룬다. 벨지언 세종(Saison)의 약간의 스파이시함과 드라이한 마무리가 있는 세종 스타일 맥주는 워터조이의 깊은 맛을 더욱 돋보이게 한다.

워터조이는 벨기에 플랑드르 지역의 풍요로운 자연환경 속에서 탄생한 요리로, 역사적으로도 깊은 뿌리를 가지고 있다. 원래는 생선 요리였지만, 시대적 변화에 따라 닭고기가 주재료로 자리 잡았으며 오늘날까지도 벨기에를 대표하는 음식으로 사랑받고 있다. 크리미한 맛과 부드러운 식감이 특징인 워터조이는 벨기에 맥주와도 훌륭한 궁합을 이루며, 전통과 현대가 어우러진 벨기에 미식 문화의 대표적인 사례라 할 수 있다.

'브뤼셀 와플(Brussels Waffle)'
미국을 사로잡은 벨기에의 달콤한 선물

벨기에의 아침이 시작될 때, 길거리에는 달콤한 바닐라와 버터 향이 가득하다. 따뜻한 와플이 철판 위에서 노릇하게 구워지고, 갓 만든 와플을 손에 든 사람들은 한 입 베어 문다. 바삭하면서도 속은 촉촉한 이 달콤한 간식은 전 세계적으로 사랑받고 있지만, 우리가 알고 있는 벨지언 와플이 이토록 유명해지기까지는 흥미로운 여정이 있었다.

　벨지언 와플이라 불리는 이 음식은 사실 벨기에에서는 두 가지 종류로 나뉜다. 하나는 리에주 와플(Liège Waffle), 또 다른 하나는 브뤼셀 와플(Brussels Waffle)이다. 리에주 와플은 반죽에 진주 설탕을 넣어 구워 캐러멜라이징된 달콤한 맛이 특징이고, 모양이 일정하지 않으며 손으로 들고 먹기 좋은 크기다. 반면, '브뤼셀 와플(Brussels Waffle, Gaufre de Bruxelles)'은 네모난 모양과 가벼운 식감이 특징이다. 리에주 와플과 달리 반죽이 더 부드럽고 공기층이 많으며, 표면이 고르게 바삭한 것이 특징이다. 일반적으로 슈거 파우더, 휘핑크림, 초콜릿 소스, 과일 등을 곁들여 먹는다.

　브뤼셀 와플의 기원은 19세기 벨기에 브뤼셀 지역으로 거슬러 올라간다. 당시 벨기에는 프랑스, 독일, 네덜란드 등과 인접한 덕분에 다양한 요리 문화가 융합되었으며, 와플도 여러 가지 형태로 발전했다. 현재 우리가 알고 있는 브뤼셀 와플은 1839년 벨기에 요리사 '펠리센(Philippe Cauderlier)'가 그의 요리책에서 처음 언급한 것으로 알려져 있다.

이 와플의 가장 큰 특징은 이스트를 사용한 발효 반죽으로, 기존의 단단한 와플보다 더 가벼운 질감과 바삭한 식감을 갖게 되었다. 또한, 네모난 철판에서 굽는 방식을 도입하면서 더 균일한 모양과 크기가 가능해졌다. 이러한 특징 덕분에 브뤼셀 와플은 귀족과 상류층 사이에서 인기를 끌었고, 이후 대중화되면서 벨기에 전역으로 퍼져 나갔다.

브뤼셀 와플이 국제적으로 유명해진 계기는 1964년 뉴욕 세계 박람회였다. 벨기에 출신의 요리사인 '모리스 베르멜(Maurice Vermersch)'은 박람회에서 브뤼셀 와플을 선보였는데, 미국인들이 '브뤼셀(Brussels)'이라는 이름을 어려워하자, 단순히 '벨기에 와플(Belgian Waffle)'로 이름을 바꿔 홍보했다.

이후 벨기에 와플이라는 이름으로 북미 시장에서 크게 인기를 끌었으며, 현재 미국과 캐나다에서는 브뤼셀 와플 스타일을 벨기에 와플이라고 부른다. 하지만 정통 브뤼셀 와플과 차이가 있다. 미국에서는 반죽에 베이킹파우더를 사용해 보다 빠르게 만들고, 다양한 토핑(메이플 시럽, 아이스크림 등)을 추가하는 방식으로 변화했다.

브뤼셀 와플의 바삭하면서도 가벼운 식감과 약간의 단맛은 벨지안 화이트(Belgian Witbier)나 골든 에일(Golden Ale)과 잘 어울린다. 벨지안 화이트의 은은한 감귤 향과 부드러운 밀맥주의 특성이 와플의 바삭한 식감과 조화를 이루며, 과일 토핑을 추가하면 더욱 완벽한 페어링이 된다. 또한, 상큼한 맛이 돋보이는 람빅(Lambic) 맥주는 와플과 함께하면 새로운 맛의 조화를 느낄 수 있다.

오늘날 브뤼셀 와플은 벨기에뿐만 아니라 세계 곳곳에서 즐길 수 있으며, 벨기에를 대표하는 디저트로 자리 잡았다. 벨지언 와플은 벨기에의 전통과 미국에서의 변형이 결합된 흥미로운 역사와 문화를 품고 있는 음식이다.

흥미로운 점은 정작 벨기에서는 '벨지언 와플'이라는 이름으로 와플을 찾아볼 수 없다는 것이다. 벨기에 사람들에게는 그저 '리에주 와플'과 '브뤼셀 와플'이 있을 뿐이다. 그러니 벨기에 여행을 떠나 와플을 주문할 때는 '벨지언 와플'이라고 말하지 말고, 브뤼셀 와플인지 리에주 와플인지를 정확히 이야기하는 것이 좋다.

 다음에 바삭한 와플을 한 입 베어 물 때, 그저 달콤한 맛을 즐기는 것뿐만 아니라, 그 속에 담긴 이야기를 떠올려 보는 것도 색다른 즐거움이 될 것이다.

Shetland Island
NORWAY
Bergen
Oslo
Stavanger
Aberdeen
North Sea
UNITED KINGDOM
Leeds
Manchester
Birmingham
London
Amsterdam
NETHERLANDS
Berlin
Bremen
GERMANY
Elbe
Dresden
English Channel
Caen
Rennes
Paris
EUROPE
Frankfurt
Nürnberg
Munich
CZECH
Rhine
Seine
Loire
Geneva
Lyon
Rhône
Bern
SWITZERLAND
AUSTRIA
Ljubljana
Milan
Venice
Genova
Toulouse
Montpellier
MONACO
Ligurian Sea
Bologna
Adriatic
Andorra la Vella
PYRENEES
ANDORRA
Marseille
Monte-Carlo
ITALY
Corsica
Rome
Naples
Barcelona
Balear Sea
Valencia
Balearic Islands
Sardinia
Tyrrhenian Sea
Cagliari
Palermo
Sicily
Bizerte
Tunis
Strait of Sicilia
Alboran Sea
Algiers
Oran
Oujda
MOUNTAINS
TUNISIA
Tripoli
Ghudamis
ALGERIA

REFERENCE
참고자료

독일

"The History of Pretzels" - German Food Guide
"Pretzel: The Classic Snack's Origins and Evolution" - Smithsonian Magazine
"Bread and Civilization: How Baking Shaped Human Culture" - William Rubel
"Food and Faith: A Theology of Eating" - Norman Wirzba
"The Pennsylvania Dutch and Their Foodways" - William Woys Weaver
"How Pretzels Became America's Favorite Snack" - History.com
"Oktoberfest: The World's Largest Volksfest and Its Traditions" - Munich Tourism Office
The Oxford Companion to Food (Alan Davidson)
Sausage: A Global History (Gary Allen)
Wurst: A Palate's Guide to Sausage (Paul Bouchier)
https://www.germany.travel
https://www.nuernberger-bratwurst.de
Deutscher Fleischer-Verband
Thuringer Bratwurst Museum
The German Cookbook: A Complete Guide to Mastering Authentic German Cooking (Mimi Sheraton)
Culinaria Germany (Christine Metzger)
The Art of German Cooking and Baking (Lina Meier)
https://www.germany.travel
https://www.bavaria.by
Museum of Food Culture in Munich
Deutsches Lebensmittelbuch - 독일 전통 음식과 관련된 역사적 기록 및 규정
Nürnberger Stadtarchiv - 뉘른베르거 브라트부어스트의 유래 및 전통 법률
튀링겐 브라트부어스트 박물관(Thüringer Bratwurstmuseum) - 튀링겐 브라트부어스트의 기원과 조리법
독일 맥주 및 소시지 문화 연구 논문 - 독일 소시지와 맥주의 관계에 대한 연구
위스콘신 브랏 페스트 공식 웹사이트(Brat Fest Wisconsin) - 브라트부어스트가 미국에서 대중화된 과정

독일 육가공 협회(Deutscher Fleischer-Verband) - 독일 전통 육가공 및 소시지 역사 관련 자료

뉘른베르크 관광청(Nürnberg Tourism Board) - 뉘른베르거 브라트부어스트의 역사 및 보호 규정

바이에른 맥주 및 음식 문화 협회(Bayerischer Brauerbund e.V.) - 브라트부어스트와 맥주 페어링 관련 정보

독일 요리 역사 관련 서적 - 《The Oxford Companion to Food》, Alan Davidson 저

독일 음식 및 전통 관련 웹사이트 - TasteAtlas, GermanFoods.org

"The German Cookbook" - Mimi Sheraton

독일 전통 요리와 레시피, 역사적 배경을 다룬 유명 요리책.

"Culinaria Germany" - Christine Metzger

독일 각 지역의 전통 요리와 그 기원을 설명하는 전문 서적.

독일 역사 및 문화 관련 자료

Deutsches Historisches Museum (독일 역사 박물관)

Haus der Geschichte (독일 현대사 박물관)

독일 음식 및 맥주 협회 자료

Deutscher Brauer-Bund e.V. (독일 양조협회)

German National Tourist Board (독일 관광청)

학술 논문 및 온라인 자료

European Journal of Food Research

BBC Food, DW (Deutsche Welle) 등의 공식 음식 문화 기사

오스트리아

The Oxford Companion to Food - Alan Davidson

Die Geschichte der Wiener Kuche - Ingrid Haslinger

오스트리아 농림부 (BMNT) 비너 슈니첼의 법적 정의 관련 자료

오스트리아 맥주 협회 (Bierland Osterreich)

오스트리아 대표 맥주 브랜드 공식 웹사이트 (Stiegl, Ottakringer, Gosser 등)

Michael Jackson's Great Beer Guide
Austrian Cuisine: A Cultural History - Max Stiegl
오스트리아 관광청 공식 웹사이트 (Austria.info)
The Oxford Companion to Food - Alan Davidson
Die Geschichte der Wiener Kuche - Ingrid Haslinger
오스트리아 관광청 (Austria.info) - 전통 요리 및 음식 문화 소개
Plachutta 레스토랑 공식 웹사이트 (www.plachutta.at) 비엔나 타펠슈피츠 전문점
Michael Jackson's Great Beer Guide - Michael Jackson (맥주 전문가)
Beer Pairing: The Essential Guide from the Pairing Pros - Julia Herz & Gwen Conley
오스트리아 맥주 협회 (Bierland Osterreich, www.bierland-oesterreich.at)
Gosser, Stiegl, Ottakringer 등 오스트리아 주요 맥주 브랜드 공식 웹사이트
Austrian Cuisine: A Cultural History - Max Stiegl
Kochbuch der Wiener Kuche - Ewald Plachutta
오스트리아 농림부 (BMNT) - 전통 요리 및 식문화 관련 자료
Alan Davidson, The Oxford Companion to Food - 굴라쉬 및 유럽 요리의 기원
George Lang, The Cuisine of Hungary - 헝가리 전통 요리 및 굴라쉬의 역사
Ingrid Haslinger, Die Geschichte der Wiener Kuche - 비엔나 요리와 굴라쉬의 변천사
오스트리아 관광청 (Austria.info) - 오스트리아식 굴라쉬 설명
헝가리 요리 협회 (Hungarian National Gastronomy Association) - 굴라쉬의 전통적 조리법
Michael Jackson, Michael Jackson's Great Beer Guide - 맥주 스타일 및 음식 페어링 가이드
Julia Herz & Gwen Conley, Beer Pairing: The Essential Guide from the Pairing Pros - 맥주와 음식 매칭의 원칙
오스트리아 맥주 협회 (Bierland Osterreich, www.bierland-oesterreich.at) - 오스트리아 맥주 스타일 설명
Gosser, Stiegl, Ottakringer 공식 웹사이트

이태리

Elisabeth Luard, The Food of Italy - 이탈리아 전통 음식과 지역별 요리 설명
Claudia Roden, The Food of Italy: Region by Region - 지역별 이탈리아 요리 문화
Slow Food Italy (www.slowfood.it) - 전통 음식 보호 및 이탈리아 안티파스토 관련 자료
Gambero Rosso (www.gamberorosso.it) - 이탈리아 요리 및 레시피
Accademia Italiana della Cucina (www.accademiaitalianadellacucina.it) - 이탈리아 요리 연구소 자료
Garrett Oliver, The Brewmaster's Table: Discovering the Pleasures of Real Beer with Real Food - 음식과 맥주의 페어링 원칙
Michael Jackson, The World Guide to Beer - 세계 맥주 스타일 및 이탈리아 맥주
Unionbirrai (www.unionbirrai.com) - 이탈리아 수제 맥주 협회 자료
Associazione Degustatori Birra (www.degustatoribirra.it) - 이탈리아 맥주 감별 및 페어링 가이드
이탈리아 주요 맥주 브랜드 (Peroni, Moretti, Baladin, Birrificio Italiano) 공식 웹사이트
Anna Del Conte, Gastronomy of Italy - 이탈리아 음식의 역사와 전통 레시피
Eataly (www.eataly.com) - 이탈리아 전통 요리 및 안티파스토 설명
Italia.it (www.italia.it) - 이탈리아 공식 관광청 자료
The Oxford Companion to Italian Food - Gillian Riley
A History of Food - Maguelonne Toussaint-Samat
Italian Cuisine: A Cultural History - Alberto Capatti & Massimo Montanari
The Brewmaster's Table - Garrett Oliver
다양한 양조장(Peroni, Moretti 등) 및 소믈리에 추천 자료
이탈리아 전통 음식과 와인/맥주 페어링 관련 연구 (Slow Food Italy, Gambero Rosso)
The Oxford Companion to Italian Food - Gillian Riley
Italian Cuisine: A Cultural History - Alberto Capatti & Massimo Montanari
A History of Food - Maguelonne Toussaint-Samat
La Cucina: The Regional Cooking of Italy - The Italian Academy of Cuisine

Slow Food Italy 및 Gambero Rosso(이탈리아 미식 전문 매체)
The Brewmaster's Table - Garrett Oliver
이탈리아 양조장(Peroni, Moretti, Baladin 등) 및 공식 사이트
전통 이탈리아 요리와 와인/맥주 페어링 관련 연구 논문 및 소믈리에 추천 자료
The Silver Spoon - Phaidon Press
Italian Cuisine: A Cultural History - Alberto Capatti & Massimo Montanari
La Cucina: The Regional Cooking of Italy - The Italian Academy of Cuisine
Slow Food Italy 및 Gambero Rosso(이탈리아 미식 전문 매체)
밀라노 지역 전통 요리 관련 논문 및 역사 자료
The Brewmaster's Table - Garrett Oliver
이탈리아 양조장(Peroni, Moretti, Baladin 등) 및 공식 사이트
맥주 소믈리에 및 전통 이탈리아 요리와의 페어링 연구 논문

체코

Czech Cuisine: A History - Hana Bene-ova (체코 전통 요리의 역사 및 발전 과정)
The Cuisine of Central Europe - Paul Kovi (중앙유럽 요리의 기원과 특징)
체코 관광청 공식 웹사이트 (CzechTourism)
체코 요리 연구 및 전통 레시피 관련 논문
The Brewmaster's Table - Garrett Oliver
Pilsner Urquell Brewery 및 체코 주요 양조장 공식 자료
체코 전통 음식 및 맥주 페어링에 대한 현지 미식 전문가 인터뷰 및 연구 자료
"The Best of Czech Cooking" - Peter Trnka 저
Pilsner Urquell, Budweiser Budvar 등 체코 맥주 브랜드의 추천 페어링 정보
유럽 음식사 관련 연구 논문 및 학술 자료
중부 유럽 요리 문화 및 돼지고기 요리의 발전 과정 연구
체코 관광청 (Czech Tourism) 공식 웹사이트
체코의 전통 요리 및 거리 음식 관련 정보 제공
https://www.visitczechrepublic.com

"The Best of Czech Cooking" - Peter Trnka 저
"Czech & Slovak Food & Cooking" - Ivana Veruzabova 저
트르들로 유래 및 기원 관련 연구 자료
헝가리 및 슬로바키아의 전통 굴뚝빵(쿠르트쉬칼라치) 기원 연구 논문
체코 및 슬로바키아 지역의 베이커리 역사 관련 자료
프라하 및 체코 내 유명 베이커리 및 레스토랑 웹사이트
체코 내 트르들로 전문점 및 카페에서 제공하는 역사 정보
프라하 유명 트르들로 판매점: "Good Food Trdelnik", "Krusta Bakery" 등
체코 맥주 브랜드 및 양조장 공식 자료
Pilsner Urquell, Budweiser Budvar, Kozel 등 체코 맥주 브랜드에서 제공하는 맥주 페어링 가이드
National Geographic Food, Lonely Planet Food 등 체코 음식 관련 기고문

영국

영국 관광청 (Visit Britain) 공식 웹사이트
영국 전통 음식 및 요리 문화 관련 정보 제공
https://www.visitbritain.com
영국 음식 역사 및 조리법 관련 서적
"The British Cookbook" - Ben Mervis 저
"Traditional British Cooking" - Hilaire Walden 저
"Great British Food" - The Hairy Bikers 저
영국 음식 및 펍 문화 연구 자료
영국 대학 및 연구 기관에서 제공하는 논문 및 보고서
"The History and Culture of British Food" - 영국 요리 연구 논문
영국 내 유명 레스토랑 및 펍 웹사이트
런던 및 영국 전역의 전통 음식점 메뉴 및 설명

Gordon Ramsay Restaurants, The Ivy, Rules Restaurant 등
BBC Good Food 및 영국 요리 전문 블로그
영국 전통 레시피 및 요리법 정보 제공
https://www.bbcgoodfood.com
영국 맥주 및 음식 페어링 자료
CAMRA (Campaign for Real Ale) 공식 자료
영국 전통 펍 및 브루어리 맥주 가이드
Hannah Glasse, "The Art of Cookery Made Plain and Easy" (1747) - 요크셔 푸딩이라는 명칭이 처음 등장한 요리책.
"The Whole Duty of a Woman" (1737) - Dripping Pudding(요크셔 푸딩의 초기 형태)에 대한 최초의 기록.
Historic UK - 영국 전통 요리 및 역사 관련 자료 (www.historic-uk.com)
BBC Good Food - 요크셔 푸딩 레시피 및 전통 요리 관련 정보 (www.bbcgoodfood.com)
British Food History - 영국 음식 역사에 대한 연구 자료 (www.britishfoodhistory.com)
Fuller's Brewery, Timothy Taylor Brewery - 영국식 페일 에일 및 비터(Bitter) 스타일 맥주 관련 정보.
Oxford Companion to Food (Alan Davidson, 1999) - 영국 요리의 역사적 기원
The British Food Trust - 전통적인 영국 요리 및 가정식 요리에 대한 연구 자료 (www.britishfoodtrust.org)
Historic UK - 영국 전통 요리 및 문화 관련 역사적 배경 (www.historic-uk.com)
BBC Good Food - 코티지 파이 레시피 및 유래 (www.bbcgoodfood.com)
National Trust UK - 18세기 및 19세기 영국 농촌 요리 관련 정보 (www.nationaltrust.org.uk)
The Oxford English Dictionary - 'Cottage Pie' 용어 최초 사용 시기 및 정의.
Fuller's Brewery, Guinness, Samuel Smith Brewery - 영국 맥주 스타일 및 페어링 가이드.

프랑스

Davidson, Alan. The Oxford Companion to Food. Oxford University Press, 2014.

Montanari, Massimo. Let the Meatballs Rest: And Other Stories About Food and Culture. Columbia University Press, 2012.

Tannahill, Reay. Food in History. Penguin Books, 1988.

Herve This. Molecular Gastronomy: Exploring the Science of Flavor. Columbia University Press, 2006.

French Ministry of Agriculture and Food – 프랑스 농업부 공식 웹사이트 및 자료.

UNESCO Intangible Cultural Heritage – 프랑스 미식 문화 관련 보고서.

Larousse Gastronomique – 프랑스 요리에 관한 백과사전.

고대 로마 시대 기록

Pliny the Elder, Natural History

고대 로마 문헌 및 유적에서 발견된 달팽이 양식 관련 기록

중세 및 르네상스 시대 문헌

유럽 가톨릭 교회의 금식 규정 관련 기록

16~17세기 프랑스 요리서 및 귀족 연회 기록

프랑스 요리 발전 과정

앙토냉 카렘(Antonin Careme)의 요리 연구 및 프랑스 미식 문화

Larousse Gastronomique (세계적인 프랑스 요리 백과사전)

현대 요리 및 미식 문화

Michelin Guide 및 프랑스 레스토랑의 전통 요리법

국제 미식 및 요리 잡지 (Gastronomica, Saveur, Bon Appetit)

맥주 페어링 관련 자료

The Oxford Companion to Beer (Garrett Oliver)

Pliny the Elder, Natural History (고대 로마의 백과사전적 저서, 달팽이 식용 관련 기록)

중세 유럽 수도원 기록 (금식 기간 중 달팽이 섭취 기록)

프랑스 요리 및 미식 관련 서적

Larousse Gastronomique (프랑스 요리 백과사전, 에스카르고의 역사적 기원 설명)

Auguste Escoffier, Le Guide Culinaire (프랑스 고전 요리의 정리)
현대 미식 및 요리 연구
Jean-Robert Pitte, French Gastronomy: The History and Geography of a Passion
Michelin Guide 및 프랑스 미식 관련 잡지 (Gastronomica, Saveur, Bon Appetit)
달팽이 양식 및 환경 영향 연구
FAO(유엔 식량농업기구)의 달팽이 양식 보고서
프랑스 농업 연구소(INRA)의 달팽이 양식 및 남획 관련 연구
윤리적 논란 및 소비 트렌드
PETA 및 기타 동물 복지 단체의 달팽이 요리 관련 보고서
프랑스 레스토랑 협회의 에스카르고 소비 통계 및 수입량 보고
맥주 페어링 관련 자료
The Oxford Companion to Beer (Garrett Oliver, 맥주 소믈리에와의 협업을 통한 미식 페어링 연구)
프랑스 미식가 및 셰프들의 맥주-에스카르고 페어링 추천 자료
Marcel Proust, A la recherche du temps perdu (1918)
마르셀 프루스트의 작품에서 크로크무슈가 언급됨.
Le Guide Culinaire (Auguste Escoffier, 1903)
프랑스 요리의 기초를 다진 에스코피에의 저서에서 크로크무슈와 유사한 조리법 확인.
프랑스 요리 및 미식 연구
Larousse Gastronomique (프랑스 요리 백과사전)
크로크무슈의 역사와 변형된 버전 설명.
French Regional Food (Loic Bienassis)
프랑스 지역별 요리와 크로크무슈의 기원 분석.
카페 및 비스트로 문화 관련 자료
The Oxford Companion to Food (Alan Davidson)
크로크무슈가 프랑스 비스트로 음식으로 자리 잡은 과정 설명.
Paris Cafes and Restaurants (R. Alexander)
20세기 초 파리 카페에서 크로크무슈가 인기를 얻은 배경 설명.
The Oxford Companion to Beer (Garrett Oliver)
필스너, 비엔나 라거, 트라피스트 더블 등과 크로크무슈의 페어링 설명.

Food & Beer (Daniel Burns, Jeppe Jarnit-Bjergsø)
클래식 프랑스 요리와 다양한 맥주 조합 소개.
현대 미식 및 레스토랑 자료
프랑스 미슐랭 가이드 및 유명 브라세리(Brasserie) 메뉴 조사.
프랑스 비스트로 및 파리 레스토랑 웹사이트 자료.
"Larousse Gastronomique" - 프랑스 요리 백과사전, 프랑스 전통 요리에 대한 가장 권위 있는 참고서
"French Regional Food" by Loic Bienassis - 프랑스 지역 요리에 대한 역사적 배경과 조리법 분석
마르세유 관광청(Office de Tourisme de Marseille) - 부야베스의 기원과 전통 조리법에 대한 공식 자료
Institut National de la Recherche Agronomique (INRA) - 프랑스 식문화 연구 기관, 부야베스의 발전 과정 연구
"The Escoffier Cookbook" by Auguste Escoffier - 프랑스 고전 요리의 정립자 에스코피에가 정리한 조리법
추가로, 부야베스와 맥주 페어링에 대한 정보는 유럽 맥주 소믈리에 협회(European Beer Consumers' Union, EBCU)

스위스

"The Swiss Cookbook" - Nika Standen Hazelton
스위스 전통 요리에 대한 역사와 조리법을 다룬 책으로, 퐁듀의 기원과 발전 과정에 대한 내용 포함
"Fondue: Great Food to Dip, Dunk, Savor, and Swirl" - Rick Rodgers
퐁듀의 역사적 기원과 다양한 변형을 설명하는 자료
스위스 치즈 연맹(Swiss Cheese Union) 아카이브
1930년대 퐁듀를 국가적인 요리로 홍보한 기록
공식 웹사이트: https://www.schweizerkaese.ch
"Culinaria Switzerland" - Marianna Olszewska Heberle

스위스 음식과 문화에 대한 심층적인 분석
National Geographic 및 BBC Food 기사
스위스 요리와 퐁듀의 기원 및 세계적 인기 상승에 대한 정보
스위스 관광청 (Switzerland Tourism) - 스위스 전통 요리 및 라클렛의 역사
https://www.myswitzerland.com
발레 치즈 협회 (Interprofession du Raclette du Valais AOP) - 라클렛 발레 AOP의 기원과 생산 과정
https://www.racletteduvalais.ch
프랑스 사부아 치즈 협회 (Fromages de Savoie) - 프랑스식 라클렛과 스위스 라클렛 비교
https://www.fromagesdesavoie.fr
유럽연합 지리적 표시 보호제도 (EU PGI) - 라클렛 치즈의 지리적 보호와 브렉시트 영향
https://ec.europa.eu/info/food-farming-fisheries/food-safety-and-quality
BBC Food & Travel - 라클렛의 현대적 변화 및 글로벌 확산
https://www.bbc.com/travel
National Geographic - 음식과 문화 - 기후 변화와 알프스 지역 치즈 산업의 변화
https://www.nationalgeographic.com
CNN Travel - 유럽 전통 음식 - 라클렛 파티 문화와 소셜미디어 트렌드
https://edition.cnn.com/travel
Culinary Heritage of Switzerland - 스위스 전통 요리에 대한 공식적인 기록
Swiss National Museum - 스위스 요리의 역사적 배경 및 문화적 의미
Berner Rosti Tradition - 베른 지역에서 전해 내려오는 뢰슈티의 유래
BBC Food & Travel - 유럽 전통 요리와 맥주 페어링에 대한 전문가 의견
Swiss Tourism Board - 스위스의 음식 문화 및 맥주 소비 트렌드
스위스 관광청(Switzerland Tourism) - 취리히 전통 요리 및 음식 문화 관련 정보
https://www.myswitzerland.com
취리히 공식 관광 사이트(Zurich Tourism) - 취리히의 역사적 음식 소개
https://www.zuerich.com
스위스 요리 전문 서적 & 블로그
Swiss Cuisine: The Best Traditional Recipes (스위스 전통 요리 서적)
다양한 스위스 요리 블로그 및 레시피 사이트

The Oxford Companion to Beer (Garrett Oliver) - 맥주와 음식 궁합에 대한 전문적인 정보

스페인

"Paella: The Internationally Famous Rice Dish from Spain" - Spain.info (스페인 관광청 공식 사이트)
"History of Paella" - The Spanish Chef (스페인 요리 전문가 Jose Pizarro 블로그)
"Paella Valenciana: Authentic Recipe and Origins" - Valencia Tourism Board (발렌시아 관광청)
"The Origins of Paella and How It Became Spain's Signature Dish" - Culture Trip (문화 및 여행 전문 매체)
"Paella and Its Many Variations" - BBC Food (BBC 푸드 섹션)
"The Food of Spain" - Claudia Roden
"Spain: Recipes and Traditions from the Verdant Hills of the Basque Country to the Coastal Waters of Andalucia" - Jeff Koehler
스페인 음식 및 문화 연구 논문
스페인 요리의 지역별 특성을 다룬 논문 및 학술 자료
스페인의 타파스 문화에 대한 역사적 연구
공식적인 요리 및 관광 사이트
Real Academia de Gastronomia (스페인 왕립 미식 아카데미)
Spain.info (스페인 공식 관광 사이트)
요리 역사 관련 아카이브 및 미디어 자료
스페인 요리 관련 다큐멘터리 (Netflix - Somebody Feed Phil, Street Food: Latin America)
BBC Food 및 National Geographic의 요리 역사 콘텐츠
Claudia Roden, The Food of Spain (2011)
Penelope Casas, Tapas: The Little Dishes of Spain (1985)
Jeff Koehler, Spain: Recipes and Traditions from the Verdant Hills of the

Basque Country to the Coastal Waters of Andalucia (2013)
학술 논문 및 연구 자료
스페인 요리와 타파스 문화 관련 논문 (Google Scholar, ResearchGate)
스페인의 음식 역사 및 지역별 요리 연구
스페인 공식 미식 및 관광 기관
Real Academia de Gastronomia (스페인 왕립 미식 아카데미)
Spain.info (스페인 관광청 공식 사이트 - www.spain.info)
요리 및 음식 역사 관련 다큐멘터리 및 미디어 자료
Netflix 다큐멘터리 Somebody Feed Phil (스페인 편)
BBC Food 및 National Geographic의 스페인 요리 관련 콘텐츠
Spanish National Tourism Board: https://www.spain.info
Ministerio de Agricultura, Pesca y Alimentacion de Espana (스페인 농수산식품부)
하몽 이베리코 관련 협회 및 생산자 정보
Consorcio del Jamon Iberico (하몽 이베리코 협회):
https://www.jamoniberico.com
Denominacion de Origen Protegida (DOP) 제도 관련 문서
전문 서적 및 논문
"Jamon Iberico: The Essence of Spanish Gastronomy" - 스페인 미식 문화 관련 서적
"The Food of Spain" by Claudia Roden - 스페인 전통 요리에 대한 연구
언론 및 미디어 자료
National Geographic Spain: 하몽 이베리코의 역사와 전통을 다룬 기사
The Guardian, BBC Food: 유럽 미식 문화와 전통 육가공품 관련 기사
스페인 정부 공식 농업·식품·환경부 웹사이트 (Ministerio de Agricultura, Pesca y Alimentacion de Espana)
D.O.P. (Denominacion de Origen Protegida) 하몽 이베리코 공식 인증 기관
스페인 요리 및 미식 관련 서적:
"Jamon Iberico: The Essence of Spain" - Jose Carlos Capel
"The Food of Spain" - Claudia Roden
스페인 미식 전문 매체:
El Comidista (El Pais 신문 내 푸드 칼럼)

Gastroactitud (스페인 요리 및 식문화 전문 매체)
BBC 및 National Geographic의 스페인 요리 관련 다큐멘터리
Slow Food 및 유럽 연합(EU) 농식품 보호 정책 관련 문서
세계 동물 보호 단체(Animal Welfare Organizations) 및 윤리적 소비 관련 보고서
스페인 왕립 요리 아카데미(Real Academia de Gastronomia)
스페인 농업·식품·환경부(Ministerio de Agricultura, Pesca y Alimentacion de Espana)
스페인 요리사 협회(Federacion de Cocineros y Reposteros de Espana, FACYRE)
스페인 미식 관련 서적:
"La Cocina Espanola: Historia y Tradicion" - Nestor Lujan
"Tapas: A Taste of Spain" - Maria Jose Sevilla
스페인 요리 및 미식 전문 매체:
El Comidista (El Pais 신문 내 푸드 칼럼)
Gastroactitud (스페인 요리 및 식문화 전문 매체)
BBC 및 National Geographic의 스페인 요리 관련 다큐멘터리
유럽 식문화 및 음식 역사 관련 논문 및 보고서
스페인 바스크 및 나바라 지역 역사 연구 논문 및 아카이브 문서
Colman Andrews, Catalan Cuisine: Europe's Last Great Culinary Secret, Harvard Common Press (2005).
Jeff Koehler, Spain: Recipes and Traditions from the Verdant Hills of the Basque Country to the Coastal Waters of Andalucia, Chronicle Books (2013).
Spanish Royal Academy of Gastronomy (Real Academia de Gastronomia) - 또르띠야 에스빠뇰라의 역사적 기원과 전통 요리법 관련 자료
Museo de la Tortilla Espanola (또르띠야 박물관, 스페인 팔렌시아 지역) - 또르띠야의 유래 및 다양한 조리법 정보 제공
El Pais, La Vanguardia, ABC Espana 등의 스페인 주요 신문 기사 - 또르띠야 관련 역사적 논쟁 및 현대적 변형 트렌드 분석
Guinness World Records (2014) - 세계에서 가장 큰 또르띠야 기록 관련 정보

벨기에

"Belgian Cuisine: A History of Flavors" - 벨기에 요리의 기원과 발전 과정을 다룬 서적
벨기에 관광청 공식 웹사이트 (Visit Belgium, https://www.visitbelgium.com/) - 벨기에 전통 요리 소개
"The Oxford Companion to Food" by Alan Davidson - 유럽 요리의 역사적 배경과 식문화 분석
"A Culinary History of Belgium" by Pierre Leclercq - 벨기에 대표 요리와 그 기원에 대한 연구
유럽 음식사 관련 논문 및 저널 (European Journal of Food Culture)
Belgian Beer and Food Culture - 벨기에 맥주 및 음식 관련 저널과 연구 자료
The Oxford Companion to Food (Alan Davidson) - 세계 음식의 역사와 기원에 대한 신뢰할 수 있는 자료
Traditional Belgian Cuisine Books - 벨기에 전통 요리에 대한 요리책 및 레시피 자료
Visit Flanders (플랑드르 관광청 공식 홈페이지) - 벨기에 및 플랑드르 지역 전통 요리에 대한 정보 제공
Historic Cookbooks and Belgian Culinary History Articles - 벨기에 요리의 역사에 대한 문헌 및 논문
Alan Davidson, The Oxford Companion to Food - 벨기에 전통 음식과 유래에 대한 설명
Regula Ysewijn, Pride and Pudding: The History of British Puddings, Savoury and Sweet - 유럽 요리사들의 레시피 변천사
Patrick Lefevere, Belgian Cuisine: A Gastronomic Journey - 벨기에 전통 요리와 역사적 배경
Visit Ghent (공식 웹사이트) - 겐트 지역의 전통 요리 역사 및 유명 음식 정보
Belgium Beer and Food Magazine - 벨기에 맥주와 음식 페어링 가이드
Historic Royal Palaces, "Charles V and the Burgundian Influence on European Cuisine" - 카를 5세와 유럽 요리 문화의 변화
Alan Davidson, The Oxford Companion to Food - 워터조이의 역사 및 유래 설명
Regula Ysewijn, Pride and Pudding: The History of British Puddings, Savoury

and Sweet - 벨기에 및 유럽 요리의 변천사
Patrick Lefevere, Belgian Cuisine: A Gastronomic Journey - 벨기에 전통 요리와 역사적 배경
Visit Ghent (공식 웹사이트) - 겐트 지역의 전통 요리와 역사적 기록
Historic Royal Palaces, "Charles V and the Burgundian Influence on European Cuisine" - 카를 5세와 그의 음식 선호도 관련 자료
Belgium Beer and Food Magazine - 벨기에 음식과 맥주 페어링 관련 정보
The Flemish Primitives Culinary Conference - 플랑드르 요리의 기원 및 발전 과정
벨기에 요리 관련 서적
The Food and Cooking of Belgium - Suzanne Vandyck
Belgian Café Culture - Regula Ysewijn
공식 벨기에 관광청(Belgium Tourism Board)
벨기에 공식 관광청 웹사이트에서 전통 음식과 요리에 대한 설명을 확인할 수 있습니다.
1964년 뉴욕 세계 박람회 자료
뉴욕 박람회 공식 기록 및 역사 아카이브 자료
Maurice Vermersch 관련 인터뷰 및 신문 기사
벨기에 요리사 및 전문가 인터뷰
벨기에 요리사 협회 및 현지 제과점 자료
음식 역사 관련 논문 및 아카이브
유럽 음식사 관련 논문 (Google Scholar, ResearchGate 등)